AF276458

ACCESO GRATIS a la Lectura en la Nube

Para visualizar el libro electrónico en la nube de lectura envíe junto a su nombre y apellidos una fotografía del código de barras situado en la contraportada del libro y otra del ticket de compra a la dirección:

ebooktirant@tirant.com

En un máximo de 72 horas laborales le enviaremos el código de acceso con sus instrucciones.

Fundamentos de Filosofía Nacional

Juan Manuel Díaz Torres

Fundamentos de Filosofía Nacional

tirant humanidades
Valencia, 2026

© Juan Manuel Díaz Torres

© TIRANT HUMANIDADES
EDITA: TIRANT HUMANIDADES
C/ Artes Gráficas, 14 - 46010 - Valencia
TELFS.: 96/361 00 48 - 50
FAX: 96/369 41 51
Email: tlb@tirant.com
www.tirant.com
Librería virtual: www.tirant.es
DEPÓSITO LEGAL: V-4957-2025
ISBN: 978-84-1081-850-7

Si tiene alguna queja o sugerencia, envíenos un mail a: *atencioncliente@tirant.com*. En
caso de no ser atendida su sugerencia, por favor, lea en *www.tirant.net/index.php/empresa/
politicas-de-empresa* nuestro procedimiento de quejas.

Responsabilidad Social Corporativa: http://www.tirant.net/Docs/RSCTirant.pdf

Índice

IV. TOXICIDAD DE LA FARSA

V. EL AMOR Y EL DEBER

VI. HONOR SIN PRIVILEGIOS

INTRODUCCIÓN
Acerca del ser y del deber

España, como *nación* que ha de ser objeto de la virtud del patriotismo, no ha dejado de existir. Ello no significa que su presencia sea manifiesta para los sentidos. No resulta sencillo captar aquello que más debe reconocerse y estimarse de ella, precisamente porque hacerlo requiere un esfuerzo intelectual.

En efecto, la Patria no está constituida ni por los rasgos ideológicos de la moda política, ni tampoco por lo simple y superficialmente accesorio. La transitoriedad de lo primero, así como la intrascendencia de lo segundo, lo imposibilita.

Su manifestación como forma, deformada en ocasiones, indica la existencia de un fondo estable e invariable; de una disposición ordenada de partes con suficiente consistencia como para permanecer por debajo y por encima de todo cambio temporal.

No es telúrica, sino espiritual. No es celeste, sino humana. Tampoco es ímpetu ciego, sino afán de perfección. Lo que constituye, pues, el ser de España es un permanente afán espiritual de perfección humana. Se trata de una tarea grande y admirable de unidad.

Ello es, precisamente, lo que explica la existencia y relevancia de la Filosofía nacional. En esta concepción, se considera que el ocaso del esplendor de España en el mundo ha sido consecuencia de la pérdida del rumbo debido, esto es, de la adopción de una forma de ser impropia, en el doble sentido de ajena y de inadecuada, forma que únicamente ha servido para acelerar y agravar los daños que han seguido al deterioro y a la consecuente pérdida del norte espiritual de la Patria.

Por otra parte, la Filosofía nacional alberga la tesis de que tal declive no permite hablar, estrictamente, de debilidad de España, sino del trastorno propio del sustitutivo político que la ocupa, el cual es la causa de la realidad nacional desintegrada. De ahí que se considere que la decadencia es sólo propia de la ausencia de España, por lo que, si bien resulta dramática, es estricta y únicamente de carácter superficial.

Si el ser de España, su alma, no se hallara subyacente, no podría hacernos llegar su llamada, ni ser el fundamento del deber virtuoso de servir a ella, y nada podría hacerse por revitalizarlo en la historia, siendo así vano todo esfuerzo especulativo por desentrañarlo. Pero no es así. Las máscaras no han desfigurado más que en apariencia el rostro de la Patria. Las heridas no han dañado su ser ni han debilitado su vena esencial.

Incólume, España continúa siendo una, ella misma; latente, silente, pero libre en su originalidad; y, por estar orientada a la eternidad, grande. Lo superpuesto a ella, lo enfermo y lo nocivo, no posee ninguna de estas características porque, en el fondo, no es más que pura accidentalidad, vaciedad y contrasentido. Nada hay viciado en el ser nacional. Su originalidad ha sido eclipsada por un sustitutivo sin originalidad y, por ello mismo, mimético, estéril y caricaturesco.

La Filosofía nacional expresa una fe firme en que aún perviven en la Patria sus elementos esenciales, como son un espíritu fértil abierto al cielo, el enraizamiento en la gran historia y en las generaciones precedentes, la aspiración a la justicia social y el anhelo intenso por inaugurar nuevos destinos.

Pero ese creer, ese amar y ese esperar están hoy obturados por detestables estructuras poderosas que deben ser removidas por todos mediante la revolución nacional, revolución que habrán de reiniciar quienes, con clara conciencia de ello, nunca han dejado de dar pasos al frente.

La consecución de una unidad íntegra de carácter territorial, social, político y de creencia resultan esenciales en la Filosofía nacional. La relevancia y profundidad de la unidad en la fe religiosa es, así, incuestionable del todo, dado que su carencia sería inadmisible.

Es, por tanto, una unidad indispensable para la Filosofía nacional, si bien no garantiza por sí misma el logro de la unidad territorial y la unidad política de la Patria. Ello lo han ido poniendo de manifiesto siempre los partidos políticos más relevantes de la derecha separatista, que atentan contra la unidad de España sin que se vean afectadas las creencias religiosas personales de quienes forman parte de ellos o los apoyan.

Por tanto, nada sin la unidad en la Fe, indeclinable, pero tal unidad no resulta suficiente para alcanzar siempre la cohesión nacional. A partir de tal unidad, la unidad territorial, la social y la política no vienen por añadidura, es decir, que no pueden suponerse como derivadas por necesidad de la unidad religiosa. Por tanto, también han de ser logradas en plenitud, aunque sin oposición ni menoscabo alguno respecto a la unidad fundamental.

La Filosofía nacional es consciente de que la verdad no es una versión plausible más entre otras, ni tampoco una forma específica de falsedad más. No es una perspectiva interpretativa de un mundo en el que la verdad, como tal, resulta negada.

También sabe que no cabe identificar la verdad con el relato que construye el poder dominante por el hecho de ser omnímodo, ni con la normatividad que pueda emanar de éste en cada período o instante.

No desconoce, igualmente, que el conocimiento de la verdad, en sí mismo, es amable; que la verdad ilumina y que, por ello, no puede ser odiada. Pero lo que sí puede resultar odioso accidentalmente es el conocimiento de la verdad cuando éste se convierte en impedimento de algo deseado.

Y es precisamente ello lo que ocurre cuando la verdad sobre el ser de España arroja luz y pone en evidencia a quienes la ensombrecen e intentan deshacerla con el fin de servirse de sus restos, tomando a éstos como salón de negociación de intereses particulares y de enriquecimientos privados de carácter económico.

Niegan la verdad quienes habitan en las penumbras de los intereses inconfesables, fingiendo desconocer que, pudiendo esconderse de la verdad, nunca es posible escapar de ella.

Frente a éstos, la audaz defensa de la verdad habrá de ser la antesala del advenimiento del amanecer que traiga la luminosidad de una nueva primavera para España.

I. PROPEDÉUTICA Y AVITUALLAMIENTO ESPIRITUAL

1. La nación y la filosofía

Adentrémonos en una amplia concepción antropológica, ética, histórica, socioeconómica y política de la realidad, así como en una posición concreta, de contornos precisos y actitud resuelta, radicada, si bien no encerrada, en una patria específica, España.

Tal concepción cuenta con la herencia iluminadora tomada de la historia misma de los orígenes y despliegue histórico de la nación. En ella, en su modo peculiar de mirar, se halla el propósito de revelar lo universal, lo intemporal y lo perenne de la Patria.

Asimismo, es capaz de suscitar no sólo la comprensión del sentido y del alcance de España en relación con la dimensión nacional de la persona, sino también el amor por tal realidad y su destino, desvelando la relación constitutiva y la dependencia que existe entre tales objetivos, así como el camino a seguir en el porvenir existencial de la nación.

Se trata de una concepción que puede y debe ser denominada Filosofía nacional. Ello lo ha determinado su lugar de origen, su contexto histórico y cultural, su pretensión de enraizarse y vigorizar el alma de la nación, así como su intencionalidad última, que es unitiva y no disgregadora, ni tampoco homogeneizadora.

En ella, lo nacional es lo acrisolado históricamente como nacional, patrio, común. Es, por ello, una concepción filosófica propia, genuina de la nación española y, además, por no servir a otro fin distinto del que declara, auténtica.

La reflexión sobre la propia Patria, España, ha sido, y es, un tema recurrente en la historia de nuestra filosofía contemporánea. La nación, en particular, ha llegado a ser un serio motivo de reflexión filosófica, habiendo alcanzado un importante estatus especulativo sin que, por ello, el filosofar mismo haya pretendido reducir el alcance universal de su propio cometido discursivo.

Ya sea para reflexionar sobre la Patria, sobre su ser esencial, su propia especificidad vital, su alma o genio, su origen e historia, su íntimo devenir tan vibrante en lo vital como profundamente estable, su presente o su constitutivo y verdadero destino, o bien como para dirigirse a ella señalando obstáculos, carencias o posibilidades, lo cierto es que tanto la idea como la realidad de la propia nación, así como la forma de experimentarla, han sido, y siguen siendo en el presente, motivo de aliento intelectual, ocupando lugares de privilegio en numerosas y significativas obras filosóficas e historiográficas.

Y es que la realidad nacional, la idea y el sentimiento de la nación particular, su naturaleza, así como su grandeza y su sufrimiento históricos, impregnan, quiérase o no, el filosofar concreto. Ya sea que se escuche y se ensalce, o que se desoiga, se escamotee y se niegue, trasladándose todo ello, de forma explícita, a la obra escrita, o no haciéndolo, se trata de la inserción y perspectiva nacional, de la circunstancia que envuelve, preocupa y mediatiza al pensador. Se trata de la nación, que es hontanar temporal y espacial concreto, real, particular y tangible, en el que emerge y madura la concreta vida personal, y el que configura los recuerdos, las creencias y las expectativas de toda una vida.

La filosofía se ocupa, primordialmente, de cuestiones que tienen rango universal, categóricas, no circunstanciales, no particulares. Aunque también es cierto que las circunstancias depositan sus énfasis específicos e imprimen su propia huella en la reflexiones filosóficas, pues lo universal y lo circunstancial se dan juntos en la realidad, esto es, en el devenir temporal. Precisamente por ello cabe distinguirlos y jerarquizarlos metódica y especulativamente, pero no separarlos ni desdeñarlos.

No está de más recordar que hay singularidades o características cuya operatividad no se ciñe a un breve período de tiempo, sino que se extienden en su acción perfiladora durante centurias. De ahí que la nación, que se despliega en el tiempo histórico, sea el lugar originario y el supuesto irrevocable de cada uno y, por extensión, de quienes reflexionan desde el mismo interior de la nación, y nutriéndose de ésta, lo hacen sobre el ser específico y destino propio de ella.

En el presente estudio, que procura ser justo, así como exhaustivo y metódico, se comprueba que la Filosofía nacional se consolida en el plano explicativo e interpretativo y, además, se adentra en la construcción de principios estables y transformativos de la realidad nacional, a través de la articulación precisa de los elementos y estrategias más aptos para su consecución.

Para tal concepción, la Patria es una realidad tanto como una norma. Realizando dicho esfuerzo indagatorio acerca de la consistencia del ser patrio, de la forma del deber ser conforme a él y, en tercer lugar, de la defensa de dicho ser, afronta dos asuntos relevantes. Son la naturaleza diversa de la política y la ciencia, así como la cuestión de si la política ha de ser función de los intelectuales.

Por lo que se refiere a la primera de tales cuestiones, se aprecia una notable diferencia entre la naturaleza de ambas actividades. Frente a la estabilidad e intemporalidad de lo analizado tanto por la investigación científica como por la reflexión filosófica, así como la dilatación en el tiempo del esfuerzo que se requiere para ello, la política no puede desvincularse de aquello cuya presencia favorece la puesta en acción o aplicación de lo pretendido, conforme a principios teóricos o especulativos, exigiendo las condiciones propicias para su ejecución. Ocasión y condición, pero ni demora ni aplazamiento son, pues, claves en la política, en la que siempre hay que llegar, y hacerlo en el momento preciso.

En cuanto a la función de los intelectuales, debe decirse que, en la política, entendiendo ésta no como gestión apresurada, lerda y partidista, sino como arte de alumbrar la fe que consiste en dar continuidad al destino exigido por el genio de una nación, su función analítica y reflexiva ha de tener fondo profético y poético, espiritual y apasionado. Su proceder no puede ser el de la prudente y científica instalación en la provisionalidad permanente, en la búsqueda sin fin, expectante siempre, a la espera de los resultados derivados de incesantes revisiones.

La política debe, pues, acertar y, si lo hace, proseguir indefectiblemente. Y ello porque la acción política no puede ser reducida a mero activismo, considerado éste como tarea impetuosa, como expresión y articulación de hábiles consignas, como actuación súbita y eficaz, y como avanzada entusiasta y dinámica.

No es el brazo que blande la espada el que la dirige, ni tampoco es la mano extendida la que procura amistad; en ambos casos, es sólo el espíritu el que se defiende o el que agradece y busca la cercanía.

Es precisamente en el espíritu donde ha de crepitar la esperanza en busca de indicios, y donde ha de habitar la idea más perfecta de aquello que se anhela. Y desentrañar todo con autenticidad sí es, en la política, labor de intelectuales.

2. Desolación y latencia

La Filosofía nacional emerge de manera crítica desde la Patria, siendo ésta el lugar intangible que nos configura y nos convoca. Conviviendo con la Patria hasta el extremo de apreciarla como entraña constitutiva, siente con ella, y únicamente para ella se despliega.

Lo nacional aquí no es sólo lo dado, lo nativo, lo establecido oficialmente como tal, lo público ni, por supuesto, el conjunto de ocupaciones de la totalidad de los partidos políticos. Para el pensamiento que nos ocupa, lo nacional significa anuncio de una misión, de un imperativo común, de una tarea colectiva, concebido todo ello con rigor formal y precisión, edificado con servicio y renuncias, desplegado de forma combativa y orientado con sentido poético.

De hecho, la concepción de España como unidad de destino en lo universal tiene la virtud de aglutinar y revelar tanto lo inmanente como lo trascendente de la Patria. Contiene y extiende finalidades últimas y principios estables e inspiradores, capaces de desarrollarse de manera permanente, es decir, con potencial para ir alumbrando nuevos rumbos, actos precisos, acciones puntuales y medidas específicas necesarias.

No es, pues, la expresión de un recetario de objetivos, de actos, de acciones y de propuestas concretas, para el corto plazo y de escaso alcance. Tampoco es la expresión de una síntesis programática destinada a dar respuesta a situaciones precisas, limitadas y coyunturales, al estilo de los restringidos y embaucadores programas partidistas, convencidos de que los males actuales de España deben reducirse a simples problemas administrativos, de gestión y de eficiencia.

Dicho pensamiento, pues, se constituye como filosofía o concepción antropológica, histórica, social y política, cuyo cuerpo doctrinal es capaz de inspirar nuevas sendas. Posee, además, la fuerza para orientar y fijar la actuación del Estado, y competencia suficiente para alumbrar toda cuestión circunstancial.

Tal concepción está radicada en una patria, España, pero no limitada por espacio alguno ni por ningún tiempo concreto. Pretende redimensionar los problemas concretos y peculiares de la Patria teniendo en cuenta principios universales que lleven a ésta a desplegarse de forma genuina. Por ello, su relación con la nación está lejos de ser genérica; al contrario, es intensamente específica.

Precisamente por ello, no puede dejar de considerar detestable la intensidad y profundidad con que se lleva a la nación a exaltar todo lo que no es propio únicamente por el hecho de no serlo; a enaltecer o reprobar lo mismo que se aclama o desaprueba en otras partes por el simple hecho de que ocurre en otras partes; a ser diferentes a todos sólo en el devoto seguidismo respecto a la corriente general y, especialmente, en hacerlo con grotesca pasión e impostado esteticismo.

Atenta a las necesidades humanas concretas, tanto individuales como sociales y tanto coyunturales como estructurales, la Filosofía nacional no sólo procede a abordarlas racionalmente, sino que lo hace con intención unitiva, contando con una herencia eminente y anhelando un destino nacional de carácter universal.

La Filosofía nacional está, pues, ligada al nacimiento histórico de España como realidad espiritual y física; al despliegue del espíritu de ésta en todo el orbe, así como en la historia universal, y también a su grito profundo de indignación, asco y disconformidad al sentir que se lleva a su cuerpo histórico a enfermar y a desvanecerse.

Éste es, en efecto, un noble y resuelto grito de desprecio, de rebeldía y de esperanza, pleno de fuerza e intensidad, y no un susurrado y lánguido lamento apesadumbrado y pesimista. Manifiesta la necesidad de la reconquista del Estado que, ocupado en el presente, impide todas las posibilidades ansiadas.

Se trata de un grito de libertad para recobrar el ser de España, que quiere dar continuidad en el futuro a su propia vitalidad histórica. De un grito de independencia frente a las concepciones sociopolíticas, antropológicas y económicas ajenas y profundamente hostiles a la concepción propiamente hispánica.

Brotando de la realidad metafísica, firme y permanente, de la Patria; con intensa y profunda fuerza moral, y asentada en el espacio de su soporte físico, geográfico y territorial, tal filosofía es como una saeta lanzada desde la eternidad hacia la eternidad, pero que necesita no sólo del tiempo para renovar su ímpetu, sino también del espacio concreto del cual toma aliento y firmeza.

No pretende únicamente irrigar secarrales humanos, infecundos en el presente, pero con la latencia de quienes son herederos de aquellos que antaño dijeron mucho en la historia, hasta conseguir hacer historia universal. También incita a buscar algo más grande que uno mismo, conduciendo a la fe y a la esperanza a través de un quehacer amoroso, unitivo, cohesionador, de dignificación personal, nacional y universal.

Todo ello es la razón por la que la reconciliación con la propia historia común es condición importante para la unidad de los nacionales entre sí y para el logro de la confianza e identificación de todo el pueblo con España, con el servicio a la Patria y con el sacrificio por ella.

Un pasado histórico falseado, una grandeza soslayada, una memoria construida, inducida no a clarificar en el presente información ya atesorada sino a generarla de nuevo para, así, borrar la historia, reescribiéndola, impregna negativa e irremediablemente lo común de toda aspiración futura, a no ser que ésta última se imponga por sus cualidades de diafanidad, estabilidad y solidez.

Verdad, bondad y belleza se encuentran aquí como rostros de una misma concepción. Su bondad estriba en la búsqueda de la justicia social. Su verdad se cifra en la amplitud histórica y social de su estela, que ahuyenta el temor a la deriva y que, con rumbo estable y orientado por la estrella de la trascendencia, da continuidad, en el presente, a una historia fecunda que se abre al futuro. Y su belleza se muestra en una promesa hecha rebelde fidelidad, en razones tanto del entendimiento como del corazón.

A fuerza de querer ser lo que no se es, y de querer hacerlo contra lo que sí se es, España ha visto eclipsada su misión histórica, ensombreciéndose toda ella, en su interior y más allá de sus fronteras.

Dejando de creer en ella misma, conspirando contra sí misma, relega a su constitutivo y gran ideal. Siendo cualquier cosa menos ella, ha creído que lo original de ella no es lo originario suyo. Y, ante ello, sólo hace falta la palabra exacta y el gesto preciso que le hagan recuperar fuerza y continuar su vigoroso camino multisecular.

3. Un grito ético

La Filosofía nacional no es una iniciativa, ni tampoco un proyecto. No se trata de una propuesta ni tampoco de una oferta. No es una esperanza vana que, en la espera, dilata y nutre el sufrimiento por lo inalcanzado. Es una exigencia épica basada en evidencias; es un imperativo impelido por la realidad.

Sintetiza, por ello, un deber irrenunciable, una manera profundamente independiente, original y sustantiva de comprender la realidad en su conjunto. Es, en definitiva, una posición interpretativa y totalizante del mundo desde una concreción nacional.

Es, precisamente, la concreción de la propia Patria española la que dota a la Filosofía nacional de su autenticidad, pues aquélla, y no otra Patria ni circunstancia, es la fuente única de la que brota y en la que radica su propia concepción de la acción revolucionaria.

En efecto, la revolución nacional alberga como unidad inseparable de espíritu y de acción tanto la idea de la justicia social como la idea nacional de la Patria, pero no para mantenerlas como reivindicaciones paralelas, sino como exigencias que deben ser mutua e inescindiblemente integradas hasta solidificar su unión.

La Filosofía nacional concibe e interpreta la realidad, la cual está compuesta por diversos órdenes naturales y por otros que han ido deviniendo históricamente. Entre estos últimos, entre los órdenes de rango inferior, temporales, circunstanciales y mudables, se agita una multiplicidad de desarreglos, y entre ellos se hallan los que corresponden a los planos ético, político, social y económico.

Son precisamente los desórdenes y descomposiciones que se generan en dichos ámbitos los que llevan a la Filosofía nacional a formular, expresamente, una decidida defensa de lo unitivo y armonioso, así como una frontal acusación contra lo que divide y exaspera.

Por todo ello, tal filosofía afirma la tradición genial de España, la gran tradición, frente a la traición; la autenticidad frente a la falsificación; la libertad frente a la ocupación, así como la armonización frente al encono y a la división.

Por lo que se refiere al sectarismo político, debe afirmarse que el mal que se hace, tanto como el bien que se deja de hacer, sirven de alimento no sólo a interioridades personales amilanadas y exiguas, sino a la exterioridad constituida por otras interioridades interesadas en resaltar errores ajenos, en hacer notar las faltas de los demás, y orientarlas siempre en el sentido de aprovechar, cuando no de crear, la ocasión y el contexto para justificar el homicidio social.

Consecuentemente, la presencia de un gran ideal justo y unitivo, y su correspondiente doctrina elegante, diáfana y fuerte, pueden llegar a ser percibidas como inoperantes, y quedar así arruinadas, convertidas en ausencia, de manera temporal y aparente, por actitudes que únicamente desacreditan a sus propios portadores, a los sujetos, dejando indemne el objeto o argumento al que se dirigen las invectivas, argumentos y esperanzas de éstos.

Un amplio cometido nacional, exigente en lo social, puede armonizarse con la misión trascendentemente moral, con el fin de lograr la superación de la divisiones sectarias generadas y alimentadas por los intereses políticos partidistas, por los territorialismos dominados, controlados o gestionados por el independentismo político, y por los odios sociales de clase de los diversos, desenfocados, disolventes, ofuscados y nocivos encajonamientos sociales.

4. Fundamentos comunes. Cordura y serenidad

El anhelo unitivo e integrador forma el núcleo primordial de las reflexiones filosóficas estrictamente nacionales. Las razones que lo justifican son tres. En primer lugar, la carencia absoluta de verdad, de virtud, de nobleza y de entusiasmo colectivo que generan e imponen tanto las diversas obcecaciones sectarias acerca del ser de la Patria como las ideologías que obran por la intensificación y enquistamiento de conflictos. En segundo lugar, las artimañas institucionalizadas utilizadas para beneficio de unas pocas personas y de determinados grupos. Y, por último, la consecuente extenuación de la nación en su conjunto.

De este modo, cuando la Filosofía nacional realiza su acusación contra los fundamentos que sostienen al sistema parlamentarista y demo-liberal, considerados contrarios al alma nacional así como a la dignidad humana, afirma, simultáneamente, no aspirar a servir de inspiración a un partido en busca de cargos políticos, sino a infundir un decidido movimiento político de grandes perspectivas sociales y de profunda entraña nacional, con conciencia de la alta misión a la que se debe dar cumplimiento, para lo cual considera imprescindible una revolución nacional fértil tanto en el sentido moral como social y político.

La Filosofía nacional no es, en efecto, un mero producto cultural de un contexto preciso, ni mucho menos lo es de una época determinada. No estando limitada por un tiempo al que considerar como propio de ella ni, por supuesto, anclada a período oclusivo alguno, tal concepción desborda cualquier pasado inmediato para alzarse vigorosamente como principio y como estilo intemporales.

Lejos de ser una filosofía cercenada en su altura especulativa, no pone su límite en la eventualidad y, al no hacerlo, se abre a la permanencia temporal e, incluso, por sus rasgos específicos, a la eternidad. De hecho, se caracteriza por reflexionar sobre la conveniencia y necesidad de infundir una gran y colectiva cualidad vital, como es el genio de la Patria, en las almas individuales.

Por otra parte, la Filosofía nacional alberga un fondo propositivo fundamental, al proporcionar las claves precisas de superación de lo dado. Por ello, comunica esperanza frente a un sistema social, económico y político defectuoso, conservador de sus propias dinámicas de permanencia, empobrecedor en lo antropológico y en lo moral, y desfigurador de la Historia.

Se trata de un sistema incapaz, inoperante y falseador, que se exculpa de su responsabilidad repartiéndola y diluyéndola en un entramado de cargos e instituciones que se sustentan mutuamente. Frente a tal enfoque, tan limitado como nocivo, la Filosofía nacional se presenta con postulados de liberación y de esperanza.

En las antípodas de quienes pretenden conseguir el triunfo y consiguiente represalia de un partido político sobre otro, o el dominio egoísta, furioso y despreciativo de una clase social sobre otra, la misión de la milicia espiritual que propugna la Filosofía nacional se pone al servicio de la consecución de otro orden moral, sociopolítico y económico; de un ordenamiento superior, enfrentado al establecido.

Forma parte primordial de dicho orden atender, sin ninguna excepción, las pretensiones justas de los desasistidos, postergados e insatisfechos, lo que ha de ir asociado al imperativo de evitar que se engendre tanta marginalidad y exclusión, tanto atraso y abandono, y tanta debilidad y olvido, como insolidarias e injustas bolsas de riqueza y de ocioso bienestar de quienes, meros beneficiarios pasivos de la actitud de servicio, viven no de su propio esfuerzo o trabajo sino del servicio prestado por los demás.

Todo ello orientado al logro en España, para sí y para el mundo, de una unidad nacional en la que se armonicen la totalidad de las voluntades individuales, devolviendo a la Patria la fe en sí misma, así como un destino capaz de consolidar una justa, limpia, audaz y entusiasta vida en común.

La inutilidad y la malicia disfrazadas de candidez damnificada por supuestas persecuciones; el barniz del relato victimista convertido en posibilidad cierta de aumentar la hacienda personal, y la consecución de puestos inmerecidos y el aseguramiento del lucro personal, forman parte de un proceso de mimetismo que oculta el parasitismo sistémico.

Tal abuso crónico permite revestir a las simples formas y apariencias con ropajes de aptitud, y ocasiona tanta insustancialidad en los contenidos como cálculo para el aprovechamiento individual en el fondo. Como consecuencia de todo ello, se asiste a la generación incesante de más errores en lo nacional y de más sufrimiento en lo social y en lo personal.

Se trata de un proceso que debe hacer caer en la cuenta de lo devastadora que resulta la disminución y privación del bien que se debe a España. La huida negadora ejecutada sobre ella misma la hace parecer no sólo inferior, sino contraria a su ser, esto es, opuesta a lo que debiera ser y, por ello mismo, es un flagrante mal que se inicia con grandes dosis de desorientación y abandono, negligencia y corrupción, traición y desnaturalización, y que culmina en derrota y en estado vital de liquidación.

En definitiva, en la Filosofía nacional habita tanto una voz doliente por el desgarro de los fundamentos comunes que nos constituyen, como un anhelo en forma de grito ético por alcanzar la mirada precisa sobre España que lleve a alcanzar la recta cordura y la fértil serenidad.

II. FRÍO EN EL PÁRAMO. IDEAS, MÉTODOS Y CONDUCTAS

5. Negaciones sin refutaciones

La Filosofía nacional centra su atención en los obstáculos de la política y de la vida institucional que se oponen agresivamente a la realidad de la superación de las diferencias.

Sostiene que tales dificultades son fruto de una ingeniería ideológica y organizativa en la que sus manifestaciones, tan metódicas como esenciales, son el signo de trastornos profundos que enferman, de forma directa y externa, a la totalidad de la nación y, en ella, al cuerpo social. De ahí que se considere que cortan las alas a España al aniquilar su alma o genio, así como las legítimas y naturales aspiraciones de ésta.

En efecto, tales signos y consecuentes trastornos son frecuente e intensamente negados, incluso de modo agresivo, por quienes los amparan, los promocionan y se sirven de ellos. Aun así, tanto su extensión como su intensidad impide que puedan resultar refutados.

Con el Estado ocupado y España secuestrada, una incesante y desquiciada dialéctica del conflicto alimenta tanto la secesión territorial como la espiritual, erosionando la unidad religiosa, moral, social, territorial y política de la nación, e impidiendo realizar, de hecho, la visión exacta, íntegra, libre y armoniosa de una España para todos.

En este contexto de clamorosa ausencia de fe nacional por falta de unidad moral; de ejercicio recreativo de las mayorías protagonizado por los partidos políticos, así como de indiferencia por la totalidad del pueblo español, se pone la intención última en los intereses individuales y en los beneficios particulares, en un cálculo para el que ni la verdad ni la justicia forman parte de su horizonte, y mucho menos la actitud de servicio.

La artificialidad y turbidez de un no ser de España, propagada por la verborrea incontenible de los favorecidos y bien remunerados por el régimen político partitocrático, encharca toda la realidad social y ahoga las voces profunda y esencialmente discordantes.

Como consecuencia de ello, el afán común desaparece; se agrieta y se desmorona la justicia social; se acepta la ambigüedad y el disimulo; se instaura la pequeñez en el alma popular; se inocula en ésta el tóxico de la sordidez moral y política, y se propaga la bruma de la irrespirable desorientación, la frustración y la anulación general.

Ello no podría ser de otra manera porque es en tal ecosistema ideológico e institucional en el que tales males hallan la razón de su existencia. Es, en efecto, su razón de ser, por lo que cambiar el sistema conllevaría tanto la extinción de sus actividades como la de su propia existencia.

Perdidos de vista y olvidados la propia unidad de la nación y su destino, así como su anclaje en lo permanente que sólo la verdad y la justicia propician, el simulacro de nación resultante, ahogada y ya sin alma, sin estilo, sin genio, termina por no reconocerse y, consecuentemente, por amoldarse a la estrecha y confusa vía del mero acontecer presente.

En tal contexto de dominio absoluto por parte de cada situación histórica concreta e inmediata, de escaso alcance, se consolidan las continuas e inacabables operaciones electoralistas, cuyo único fin es allanar el camino que lleva a muchos a alcanzar mayorías, permitiéndoles anclarse lucrativamente al poder.

En tal escenario se despliega el corrosivo babelismo social, la confusión y la intraducibilidad de perspectivas, todo ello promovido y sufragado por políticas e instituciones dominantes muy poco confundidas por lo que se refiere a sus propios fines. Además de ello, se provoca la generación incesante de nuevos problemas para evitar dar solución a los que ya se han enquistado y conseguir que caigan en el olvido.

En la perenne provisionalidad de una nación convertida en sucursal de intereses y de proyectos ajenos, del exterior y del interior, y con los ánimos desfallecidos por no poder realizarse, la nación dividida, dubitativa, desalentada, convertida en escenario de farsas de todo tipo y, por todo ello, irreconocible para sí misma, termina por vegetar, comprimida tanto por la falta de entusiasmo que ha obrado el pesimismo histórico al aniquilar su alegría y fe imperial, como por la carencia de fuerza para instaurar la justicia social que otorgue una vida mejor y digna a todos y, en especial, a quienes peor lo tienen.

Tanto los partidos políticos como los separatismos locales y la lucha de clases aparecen, en primer lugar, como telón de fondo de la escenificación de los enfrentamientos y, en segundo lugar, como instrumentos que se entronizan y se exhiben con la potestad de declararse indispensables en la dialéctica de la instalación en el conflicto, convertido éste en motor que legitima la necesidad y permanencia social, política y económica de tales realidades.

De hecho, la Filosofía nacional mantiene que el interés de partido es la figura que no sólo marca los tiempos de la vida nacional, sino que, además, se convierte en el único regulador de la toma de decisiones institucionales, de inversiones y ayudas económicas públicas, así como en la exclusiva vara de medir la conveniencia o no de políticas y legislaciones, tanto generales como específicas.

6. Obstáculos activos y conductas paralizantes

Tal tríada de obstáculos, formada por partidos, separatismos y lucha de clases, resulta directamente esterilizadora de la nación y paralizadora de su reacción. Los beneficios de los partidos políticos, de los grupos y de las clases actúan conjuntamente no sólo como potente centro dinamizador de confusión, narcotización y disgregación tanto de la percepción como del pensamiento sino, además, como eficiente núcleo de devastación anímica y desafección, al saberse con la potestad para dirigir y garantizar la consecución de los objetivos y finalidades más inadmisibles.

Dichos obstáculos maniobran utilizando hábilmente todos los recursos existentes para anular el conocimiento exacto de la realidad en su conjunto y silenciar la posibilidad de la crítica fundada. Así, quienes ganan únicamente cuando España pierde, consiguen edificar un sustitutivo de la realidad cuya única fortaleza consiste en su brumoso mensaje, su abrumadora presencia y en su insistencia repetitiva.

Este sucedáneo que reemplaza a la realidad está constituido por elementos yuxtapuestos, constituyéndose así sobre una ficción desligada de la realidad y que se fundamenta únicamente en sí mismo.

Es un producto elaborado mediante incesantes ocultaciones parciales, laberintos de discusiones, aplazamientos de promesas y grandes palabras vacías. Provoca deliberadamente desvíos de la atención mediante la elaboración de informaciones ampliamente difundidas con el fin de que los escándalos propios se olviden o eludan, quedando así contrarrestados. Y, además, se sirve con habilidad de juegos de componendas extraordinarias, de redes clientelares que alientan el seguidismo político, así como de argucias pactadas para medrar en el espectáculo de la política.

En él tienen cabida, perfectamente ajustada, favores inconfesables que crean lazos deshonrosos; elevadores morales que otorgan virtudes a quienes nada hicieron por ganarlas y a aquellos que hicieron gala de despreciarlas; relatos emponzoñados que crean frentes hostiles e incontables escisiones; esterilidad de las decisiones por flagrante incompetencia, así como incesantes dilaciones procedimentales.

Su permanencia se halla fijada a un entramado de silencios selectivos que ocultan las realidades auténticas. Su andamiaje lo constituyen oligarquías partidistas de la información y de la comunicación que dictan lo que debe ser concebido como real, lo que es realista, y lo que no es ni lo uno ni lo otro; que deciden lo que conviene en un instante preciso, lo que se ajusta a la corrección y lo que debe ser apreciado, despreciado o aborrecido.

Todas estos artificios y engaños no restan tiempo al trabajo de sus autores y de sus protagonistas, porque ingeniarlos es, de hecho y esencialmente, la única tarea que les corresponde realizar. De esta manera, se diseñan coreografías de principales figuras políticas asesoradas profesionalmente tanto en técnicas de manipulación comunicativa y distribución de ventajas, beneficios y despojos, como en interpretación actoral y potenciación de su imagen personal.

Tras tales figuras, siempre en su entorno, se sitúan comparsas de serviles figurantes con cargos públicos, bien gratificados, convenientemente adiestrados y vehementes aplaudidores que, por ello, son sólo representantes del partido político que los sostiene y utiliza, pero nunca de los electores, de los cuales únicamente se sirven.

Es aquí donde entra en juego toda una incontable serie de instrumentos usados para legitimarse, tales como adulteraciones de la realidad, expresiones verbales sin significado, fingimientos reiterados que camuflan profunda deshonestidad, confusión agotadora generada en destinatarios, así como narraciones alucinatorias.

A ello cabe añadir subvenciones y rentas económicas; contactos empresariales lucrativos; abuso sin fin de estratagemas; ideólogos junto a pragmáticos tecnificando la ideología e ideologizando los conocimientos técnicos; construcción de relatos historiográficos basados en deformaciones y ocultaciones de acontecimientos históricos; teatralizaciones y profusión de relatos superficiales; fragmentos inconexos de información o de conocimiento hábilmente entretejidos en redes enmarañadas; constructos tan ficticios como insólitos y, de fondo, vocerío irritante.

Todo ello es simultáneamente presentado en forma de mascarada, en la que escamotea el sacrificio y el deber de trabajar por una gran tarea común, y adornado todo con disimulos, enredos inescrutables que se producen entre bastidores, negación de responsabilidades propias por parte de los partidos políticos, y disolución de las responsabilidades individuales más incómodas y deshonrosas.

Por último, sólo resta agregar un aderezo compuesto de abundantes, viscosas e inmovilizadoras calumnias de imposible demostración, arrojado sobre quienes, con la verdad y sin disfraces, quieren finiquitar la colosal fiesta de máscaras para así rescatar la alborozada libertad de la nación.

Tales son los medios políticos dispuestos para generar divisiones, enfrentamientos y odios en el corazón de la nación y, de paso, escamotear el auténtico interés del pueblo, así como la justicia que reclama.

Todos juntos se ordenan a la construcción e instauración consciente de irrealidades que, al principio son creadas paralelamente a la realidad para, posteriormente, converger hasta erigirse en único, inhumano, desintegrado e irreal contexto.

Y tales son los modos conductuales de un procedimiento inherente a la mentalidad política de quienes, sin actitud de servicio, pero con una aguzada actitud depredadora y hábiles para servirse de la Patria, del pueblo y del Estado, son incapaces de ofrecerse a una alta misión.

Son quienes, con graves carencias de autoridad moral, capacidad, fortaleza, serenidad y valentía, y sólo con las armas de la mediocridad, tales como el amaño, el enredo, el miedo al rechazo, la necesidad de aprecio, la concesión de favores, así como las componendas conseguidas por mercadeo, están siempre dispuestos a anteponer la revancha a la verdad, a no perder los privilegios abusivos vinculados al cargo, cuando no a arrasar desleal y explícitamente con la herencia de la historia, con el presente y con las posibilidades de futuro de la nación española.

En efecto, son aquellos que viven en permanente modo electoral y trabajando desde el primer día sólo en el acopio de méritos que puedan serles útiles en las siguientes contiendas electorales. Son quienes se afanan en lograr que la integración de lo nacional y lo social no llegue a alcanzarse jamás en forma de síntesis superior, en lograr que esta posibilidad decaiga y se extinga como posibilidad.

La Filosofía nacional contempla, pues, cómo cada partido político, sea de derechas o de izquierdas, ya ha puesto de manifiesto lo que, por su propia naturaleza de partido, puede dar de sí. Y la conclusión a la que se llega es que todos ellos sirven exclusivamente a sus propios intereses, utilizando a España no sólo como medio para exterminar tanto su identidad como su historia sino, además, como excusa para dar satisfacción a sus ambiciones sectarias o individuales y, simultáneamente, como campo de entretenimiento en el que ensayar sus tan alicortas como exasperantes y disgregadoras ideas y planificaciones.

Se pone así de manifiesto que, en el fondo, ninguno de ellos puede dar lo que no tiene. Derechas e izquierdas tienen ya, de hecho, repartido el poder efectivo, y sólo se alternan en su ostentación.

Lo cierto es que los partidos políticos no tienen, porque ni pueden ni quieren tener, una visión completa de España, una fe que pueda tornarse colectiva y que apunte a lograr la armonización y el relanzamiento de la grandeza nacional y la justicia social.

Por tanto, puede decirse que los partidos políticos, en sí mismos, no tienen el poder para defraudar a nadie. Estrictamente hablando, ellos son el problema, por lo que sólo cabe hablar de autoengaño cuando se constata que no responden a las expectativas que habían generado en el pueblo.

Es la confianza propia depositada en ellos la única que resulta traicionada o, cuanto menos, frustrada, al ver que han conseguido seducir a muchos con falsas promesas basadas en ideas aún más falsas.

Y así se retroalimenta el propio sistema político, cuyas fases, repetidas indefinidamente, son prometer, defraudar, indignar, dividir, enfrentar, exasperar e intensificar la contienda, haciendo crecer el siempre activo odio separatista, así como la cansada y triste indiferencia general del resto de personas.

Para la Filosofía nacional, no son las personas, sino que es la política de mayorías, esto es, el régimen parlamentarista, el sistema entero basado en partidos políticos, el que, a la manera de dinamismo nocivo, afecta negativamente a todo aquello que coloniza, generando en los receptores, ya sean las personas, la Patria, las instituciones, las ideas, la historia, las relaciones sociales, las normas, las intenciones, los principios o los valores, una sintomatología de mediocridad, de carencia de alegre acometividad, de deshonor, de traición y de descomposición.

El sistema de partidos políticos no tiene, por ello, tratamiento rehabilitador eficiente, porque no es él mismo lo que está afectado de manera negativa, sino que dicho sistema es, precisamente, la causa de la permanencia y estabilidad del estado mórbido de la nación.

Tal es el motivo por el que, según la Filosofía nacional, dicho sistema político no puede hallar justificación, ni tampoco quedar absuelto.

7. La derecha de la izquierda, y viceversa

El análisis que, desde la Filosofía nacional, se realiza del régimen de partidos políticos no se limita sólo a los aspectos procedimentales y a las relaciones concretas que se establecen entre instituciones y entre políticos. Va mucho más allá de la trama tejida entre tales organizaciones y personas, destinada únicamente a consolidar sus respectivas posiciones de forma recíproca.

En efecto, que tales partidos ocupen posiciones de derecha o de izquierda muestra algo más que la incapacidad para ver la realidad de la nación tal como es. En su ambición por posicionarse ventajosamente frente al adversario, los partidos políticos no sólo niegan la integridad armoniosa y suprema que España ha de alcanzar, sino que la contemplan como un potencial y peligroso obstáculo para sus propias ambiciones.

Tanto los partidos de la derecha como los de la izquierda perciben que no les conviene otra cosa que parasitar al Estado y, esterilizando el alma de la nación a la que éste debe servir, dar vida aparente a una organización política muerta. Para ello, adoptan enfoques parciales y, por ello, incompletos, hasta dirigir y articular miradas y proyectos atrozmente debilitantes sobre España con la única misión de servirse de ella, envolviéndose en su nombre con el fin de garantizar el logro de los intereses que los congregan y constituyen.

Lo cierto es que el régimen de partidos establecido se concibe a sí mismo como un conjunto de capitales y de recursos que todos pretenden perpetuar. Todos, sin discusión, se anclan en él para estabilizarlo, mantenerlo operativo y parasitarlo, por lo que ni los partidos de la izquierda ni los de la derecha quieren subvertir el orden político establecido.

Si, en general, la idea de revolución va contra el orden capitalista instaurado, entonces la totalidad de los partidos políticos son contrarios a dicha idea, lo que les sitúa por igual en el espacio del pensamiento antirrevolucionario, es decir, del pensamiento cautelosa y ordenadamente conservador del sistema político vigente.

En efecto, el orden establecido, así como los partidos políticos de izquierda y de derecha que viven del sistema y lo sostienen, ni tienen ambición histórica ni tampoco la firme y decidida intención de alcanzar una justicia social profunda.

Sin propósito de transformar socialmente a la nación, y con la única intención de dar permanencia a la mediocridad existente, obstaculizan de todos los modos posibles e imaginables lo revolucionario. Y aquí, lo revolucionario sería, precisamente, el resurgimiento nacional de España.

Ello no tiene nada de paradójico. Al contrario, tiene una lógica aplastante, dado que derechas e izquierdas se saben alternantes en el poder y, por ello, se reconocen como meros competidores en el seno de un lucrativo espectáculo.

Para tales partidos, los enemigos van bajo la bandera de la alternativa al sistema u orden político dado. Y éstos últimos, por su naturaleza, no tienen billetes de entrada para la función circense. Al no integrarse en ningún grupo esencial tales como los jaleadores, los malabaristas, los cómicos y los funambulistas, están condenados a la exclusión.

Los partidos de derecha y los de izquierda se necesitan mutuamente. Interdependientes, ni juntos ni separados cuentan con el remedio que la nación necesita. Derrotar o vencer al émulo en unas elecciones es su objetivo, y éste es siempre efímero en su estabilidad y permanencia. De ahí que entre ellos se instaure una única forma de mirar, que es el mirar de reojo, unos a izquierda y otros a derecha.

Incapacitados como están para mirar de frente a una realidad nacional que sigue agudizando sus escisiones cada poco tiempo, con cada convocatoria electoral, y rechazando explícitamente la justicia y la conveniencia del destino integrador y supremo de España, ambas mitades conviven enajenadas igualmente, aunque siempre una mitad llegue a tal estado por el rencor que genera el haber sido momentáneamente derrotada en unas elecciones, y la otra lo consiga a través del éxtasis que conlleva el saberse efímera vencedora.

Es en tal contexto en el que cada persona es convertida en unidad cuantificable, en elector, en mero dato estadístico, siendo cada una de ellas utilizada como un medio por el sistema de partidos.

Los partidos se justifican únicamente por los votos que puedan contabilizar y traducir en cuantiosas subvenciones públicas para la organización, así como para cargos políticos personales que trabajarán para el partido y, por supuesto, para sí mismos; cargos que, posteriormente, podrán reconvertirse en magníficos y lucrativos contratos de trabajo en empresas privadas.

Además de todo ello, la Filosofía nacional considera que los partidos políticos son artificios que absorben y canalizan en beneficio propio las energías, iniciativas e ilusiones, tanto particulares como colectivas, de la nación, depauperándolas y frustrándolas, además de ocuparse de triturar judicial, social o moralmente a las personas discordantes, si así conviene, hayan sido adeptos o no.

Es propio de la Filosofía nacional poner de relieve la manera en la que se ha adherido sobre la España verdadera una costra deformante de artificialidad, superficialidad, caos e infecundidad.

Tal escara estaría compuesta de partidos políticos de derecha y de izquierda, cuya razón de existir no es, precisamente el logro de una armoniosa integridad, sino dar cumplimiento a su enfoque determinado, parcial, de bando, de grupo, fijando posiciones restrictivas y ofuscadas.

Y es que, por ser partidos políticos y defensores, precisamente, del sistema partitocrático, no aspiran ni a dar continuidad entre los antepasados y los descendientes de la Patria, ni tampoco a dar cumplimiento al interés original y total de ésta.

8. El flanco derecho

Por lo que se refiere a las diferencias más sobresalientes entre la izquierda y la derecha, hay que señalar que la Filosofía nacional distingue entre las que son de orden discursivo y aquellas otras que son de orden operativo, distinción que puede ser considerada razonablemente suficiente para albergar las citadas diferencias.

La Filosofía nacional observa que cuando la burguesa y pragmática derecha vence en unas elecciones, siempre adopta una actitud de alegría vergonzante, de disimulo hasta rozar el miedo, acomplejada, de autodefensa y de soterrada petición anticipada de disculpa.

Ello se debe a que sabe que su victoria será, sólo y simplemente, de tipo electoral, es decir, de las que permiten alcanzar el poder en apariencia, pero para no hacer nada, lo cual hace que tal victoria siempre sea lánguida e insustancial.

Lejos de poder propiciar alguna transformación importante, la derecha es consciente de que se ha de limitar a dejar pasar el tiempo, a esperar, hasta que se vea vencida por la izquierda en las elecciones siguientes.

Como la derecha no cree en casi nada que exceda los límites de ella misma, tan inerte como estéril, carece de objetivos y, consiguientemente, de vigor para intentar lograrlos. En definitiva, no puede dar lo que no tiene. Transigente y simple hasta la exasperación, la derecha se limita a operar una especie de abstención existencial.

Es por ello que siempre conservará escrupulosamente, además de exclusivos y abusivos privilegios sociales, la totalidad de las transformaciones llevadas a cabo por la izquierda en un período anterior. Y ello porque sus propuestas y operatividad son sólo el resultado de un atemorizado conglomerado de egoísmos y ventajas.

Su procacidad y teatralidad para realizar grandes invocaciones patrioteras, aludiendo cuando más le conviene a la unidad de España, a la autoridad y al orden, siempre tan inoportunas como vacías, tan ampulosas como espurias y, por ello, detestables, se ven anuladas y arruinadas tanto por su pragmatismo carente de altos y firmes principios como por su escasa defensa de la justicia social y nula determinación para erradicarla.

A ello se une su anuencia con las prerrogativas económicas de los sectores sociales privilegiados, incompatibles con la solidaridad nacional que demanda el pueblo español en su conjunto, especialmente los más necesitados. De ahí deriva su ineptitud para desarrollar políticas de regeneración, de transformación y de mejora tanto sociales como nacionales e internacionales.

Así que, para la Filosofía nacional, los partidos de la derecha, sometidos complacientemente al gran poder financiero del capitalismo, no albergan otra intención que la de satisfacer a la clase que más se beneficia de la situación política y económica, entre los que se encuentran caciques tanto urbanos como rurales, intermediarios, banqueros, consejeros y administradores de grandes empresas, así como grandes industriales, alta burguesía capitalista, rentistas y especuladores.

Con ello, la derecha termina apuntalando a la izquierda y consiguiendo que los partidos situados en tal espectro político obtengan el preciado regalo de ver que se identifique a la Patria con la prerrogativas injustas y con el poder económico de unos pocos, afianzando asimismo la necesidad del relato impulsor de la izquierda, basado en la permanencia insalvable de la lucha de clases.

9. El lateral izquierdo

A la inversa de lo ocurre con la derecha, los partidos de izquierda saben que sus victorias son el ariete legal para intentar alcanzar cambios económicos, políticos y éticos peculiares, ya concebidos y anunciados previamente con claridad.

En estos partidos no tiene cabida lo que la derecha alberga en su cándida victoria, porque en la izquierda, que sabe cómo pasar a la ofensiva directa y de forma rápida, existe orientación y determinación para llevar a cabo o, al menos, para iniciar, las transformaciones en las que cree.

Sustentados en una cosmovisión en la que la irresolubilidad del conflicto es el eje vertebrador, los partidos de izquierda pivotan sobre los conflictos ya existentes para agravarlos y, a la vez, generar de forma incesante otras divisiones y conflagraciones nuevas.

Primordialmente, es la lucha de clases la que proporciona consistencia a tal concepción, pensada como dialéctica de la aniquilación de los enemigos del proletariado y causantes de su precaria situación.

Desde esta perspectiva, tales enemigos serían no sólo la clase burguesa o dominante, sino toda la estructura sobre la que se sostiene aquélla, así como sus elementos discursivos principales, ignorando en qué sentido son esgrimidos.

Así, los partidos de tal orientación generan, promueven y apoyan explícitamente a todas aquellas organizaciones que, en el ámbito de la política institucional o de la acción social y cultural, promueven y capitanean la desvertebración de la unidad e integración territorial, social y de destino nacional.

Desprecian hasta el odio no ya lo que hace la derecha, esto es, la mera apelación hipócrita y censurable a los valores nacionales con la intención de legitimar las posiciones dominantes de clase, sino que rechazan agresivamente la realidad esencial, noble, grande y justa de tales valores en sí mismos.

La izquierda actúa, pues, aniquilando en su ideología y en su acción la posibilidad de integrar inescindiblemente la justicia social y el sentido nacional, la persona individual y la Patria, es decir, queriendo extinguir el todo, que es de todos, por la parte, que es sólo esgrimida interesadamente por la derecha.

Ante estos principios y estrategias políticas, la Filosofía nacional destaca el hecho de que la izquierda desenfoca gravemente el problema de la construcción de la justicia social destruyendo la patria e imposibilitando, por ello, su mutua y armónica integración.

En efecto, la izquierda proletariza a los trabajadores aún más de lo que ya están, al despojarlos también de su patria, con lo que los ya despojados de una vida social y económica digna y justa ven agudizada su desesperada situación ante la posibilidad de ver hurtado su arraigo espiritual en la nación y, con él, toda esperanza.

La Filosofía nacional también considera que los partidos de la izquierda, en un afán de esteticismo revolucionario obtuso e infructuoso por colonizar tanto el espacio político, a través de la gestión pública y los despachos, como el espacio social, a través de movilizaciones, y el propio de la acción directa e inmediata, a través del odio exteriorizado en forma de intimidaciones, blasfemias y profanaciones, sólo consigue amalgamar ineficacias y cosechar incompetencias cuando se trata de disminuir o poner fin a las injusticias sociales.

Es en dicho contexto en el que la izquierda recurre, con gran astucia, a poner todo su esfuerzo en la crítica antinacional contra España. Inaugurando esta peculiar cacería, intenta desviar la atención, escamoteando su ineptitud en el frente social, es decir, en la mejora de las condiciones de vida de las gentes más humildes y, simultáneamente, no sólo haciendo escarnio excluyente de gran parte de la población española, sino paralizando las posibilidades de una acción nacional clara y resuelta.

De este modo, su característica lucha por demoler todo lo mejor de España acaba agudizando la desorientación y el sufrimiento de todo el pueblo y, además, instaurando pautas correctivas culturales y jurídicas destinadas a la reeducación de las conciencias personales con la finalidad de erradicar de ellas toda sugestión nacional y lograr la inanición, así como la consecuente expiración de la Patria en sentido pleno.

10. Efectos de una estructura bifronte

Tanto los partidos nacionalistas y separatistas como los partidos de izquierda y marxistas encuentran un aliado en los de la derecha. En efecto, es la propia derecha la que, con su palabrería grotesca, hueca, fofa y pusilánime, tan llena de aparentes e improcedentes apelaciones patrióticas como vacía de conciencia histórica y de pujanza para recuperar a España y alzarla hasta el gran itinerario de su destino, legitima, inmuniza y anima a la izquierda.

La izquierda halla en la derecha su seguro de vida política e institucional, así como su mejor campaña propagandística cuando, intencionadamente, disfraza de triunfo burgués y, por tanto, de éxito antisocial o antiproletario, todo logro triunfante de lo auténticamente nacional contra lo antinacional, esto es, contra el separatismo y el marxismo internacionalista.

Desbaratada, soterrada y, en definitiva, hurtada toda victoria parcial del genio nacional como consecuencia lógica del egoísmo inherente a los intereses de partido, las derechas desechan lo patrio, lo común, lo nacional en sí mismo, para quedarse únicamente con el provecho que pueden obtener de ello, es decir, con lo sectario, con lo partidista, y todo con el telón de fondo de su sempiterna preocupación por su propio bienestar económico.

Tal manera de proceder termina por traducirse siempre en un incremento de la justificación interna y de la fuerza moral proyectada hacia el exterior de los partidos tanto separatistas como izquierdistas.

Se constata que la invocación a la Patria en las circunstancias especialmente difíciles por parte de la constitutivamente débil, insegura y complaciente derecha, de quienes no buscan remedio al sufrimiento del pueblo, genera rechazo por parte de éste, aversión que acaba redirigiéndose hacia la Patria en sí misma, que pasa a ser así sentida como lugar hostil de sufrimiento y de marginación.

Para la Filosofía nacional, la Patria ha de ser concebida como bien logrado y atesorado con inconmensurables esfuerzos, generaciones tras generaciones; como tesoro que se ha ido entregando sucesivamente para su conservación, acrecentamiento y mejora; como un patrimonio de realidades y de creencias, de experiencias y de sabiduría, de virtudes fundamentales y de excelsos valores; y como una herencia sublime y un destino superior que debe ser logrado y transmitido a las generaciones futuras.

Cuando deja de concebirse de ese modo, la Patria deja de ser honrada y, con ello, su dilapidación aparece con forma de urna y fondo de pensamiento de la división, de profundo desprecio, de olvido y de negación, de mimetismo ante lo exótico y de rencor, que se traducen en acontecimientos antinacionales y antisociales de hondo calado, tales como exaltaciones separatistas y exasperación de los problemas colectivos.

III. LOS ACTOS IDEOLÓGICOS

11. El antagonismo inducido

La ingeniería económica, con el beneplácito de las actuaciones y las legislaciones provenientes de la esfera política, ha ido pergeñando una realidad en la que los intereses económicos, la división, la hostilidad, el poder, el beneficio y la disputa, vertebran prácticamente todos los ámbitos de la vida personal y los de las relaciones sociales, así como la estructura y quehacer de la realidad estatal y nacional en su conjunto.

La impregnación ideológica letal de la citada ingeniería integra, como principios activos, el liberalismo, el capitalismo financiero y el marxismo, mientras que lo infiltrado, absorbido, utilizado, desintegrado y destruido son las personas concretas, sea del sector profesional que sea, así como la propiedad y la Patria.

En el seno de tal ingeniería, se reduce lo nacional a simple totalidad de personas; a continuación, cada persona resulta reducida a individuo abstracto. Y, para finalizar, cada individuo es expresado en términos de magnitud numérica. Se trata de la triple reducción propia de una ingeniería política de corte racionalista.

En efecto, la Filosofía nacional sostiene que, en la lucha económica que teje la malla de nuestro presente, trabajadores, empresariado, propiedad privada y Patria son, simultáneamente, objeto de agresión y, por tanto, protagonistas de una lucha de autodefensa frente al capitalismo financiero que sitúa el beneficio económico como principio rector de la actuación individual, con desprecio de cualquier otra dimensión o preocupación de carácter humano.

La ficción de creer que los grupos y las realidades que son objeto de agresión son, a la vez, antagonistas entre sí, y que por ello se baten en frentes opuestos, no es más que un constructo devastador específicamente diseñado no para ayudar a comprender, sino para escamotear la realidad conflictiva generada, precisamente, a instancias de su beneficiario, que no es otro que el poder depredador establecido.

La Filosofía nacional está muy lejos de identificar o emparejar la realidad del capitalismo con la permanencia de la propiedad privada. De hecho, opone irreconciliablemente ambas realidades al sostener que, en el seno del capitalismo, se ha gestado la aniquilación de la propiedad privada como lo que es, es decir, como atributo elemental, como proyección directa de la persona sobre sus cosas, sustituyéndola por la propiedad del capital en tanto que instrumento económico de control y dominio.

Así, en su camino hacia una competitividad entre gran capital y la sustancialmente diferente e infinitamente menos poderosa propiedad privada de cada trabajador y de cada empresario de cada uno de los sectores productivos, el capitalismo financiero termina por dotar a los monopolios y oligopolios de plenos poderes para ejecutar tanto lo que conduzca a obtener beneficios propios como para decidir el modo de empobrecimiento de todos los agentes del tejido productivo dependiente de ellos, sean empresarios o trabajadores.

Víctimas del desmedido afán de lucro organizado en el núcleo del sistema capitalista, patronos y obreros son sometidos a presiones sistémicas constantes conducentes a su extenuación y sumisión al sistema, a su propio y paulatino empobrecimiento económico o simultáneamente a ambas.

Presas del mismo e injusto sistema económico, generan con su trabajo y propiedades una producción que resulta vampirizada en beneficio ajeno, y que termina llevando al enriquecimiento, siempre creciente, a los grandes organizaciones crediticias, así como al sostenimiento abusivo de las vidas doradas del único grupo social realmente privilegiado y de vida regalada.

Mientras tanto, trabajadores y empresarios son instigados a enfrentarse entre sí como si fuesen especies antagonistas, irreconciliables por propia naturaleza, convencidos erróneamente de su insalvable incompatibilidad, lo que es alimentado tanto por el sistema capitalista como por el sistema de partidos políticos, rostros económico y político del liberalismo, que impiden una justa y equitativa distribución entre todos de los beneficios productivos obtenidos.

12. Despojados de sí mismos

Tras el dominio deshumanizador del sistema capitalista sobre la propiedad; después del inducido debilitamiento del sentido de unidad superior que despoja a todos del único destino en el tiempo que es universal, propio, común y unitivo, y que es la Patria; y rota la armonización de lo nacional y lo social por el aumento del empobrecimiento y el consecuente ahondamiento en la lucha de clases, la colectividad nacional resultante, ya atomizada, individualista, insolidaria y desorientada, acaba anhelando con desesperación, y como única solución viable, arraigarse en lo que quede tras el naufragio de la patria común.

Entonces, a los ojos de quienes han sido esquilmados en su heredad patria, únicamente queda fijar la visión política bien en el localismo del pequeño y físico terruño, bien en el globalismo, ideología política propia de la inabordable, lejana, etérea, y también inestable, agrietada, disgregada, artificiosa y despiadada realidad total de la globalización capitalista mundial.

Tal sería el efecto de la ausencia del Estado nacional teorizado por la Filosofía nacional, el cual, con la participación directa de todos en un régimen sindicalista de solidaridad nacional, y para lograr un orden social más justo, deberá neutralizar y desarticular el despotismo especulativo del hipertrofiado gran capital financiero y anular toda tendencia hacia la desaparición del Estado, así como toda posible tentación hacia la implantación de un tiránico capitalismo de Estado.

Debe señalarse que los defensores del capitalismo de Estado se muestran siempre incapaces de cambiar el régimen económico, pues a lo que aspiran, en su supuesto anticapitalismo, es a sustituir a quien detenta el control financiero, así como a sustituir a la clase privilegiada privada por otra clase privilegiada nueva, esta vez estatal.

De ahí que sustituir al gran entramado capitalista, materialista e internacional, por el Estado llamado revolucionario, pero igualmente capitalista, materialista e internacional, deje indemne, en el fondo, al sistema entero, de tal manera que las víctimas del capitalismo bajo el Estado demoliberal no dejarían de ser, igualmente, víctimas, pero ahora bajo el manto de la dictadura del proletariado encarnada en el Estado comunista o en versiones edulcoradas de éste.

Frente al capitalismo y, por ende, en oposición a su sucedáneo y contrafigura, el marxismo en todas sus formas e intensidades, se erige la idea del Estado nacional propugnado por la Filosofía que nos ocupa.

Tal Estado nacional es presentado como auténticamente revolucionario, al no emular fórmulas fallidas; esperanzador, por lo que tiene que ver con la promoción de un destino común, de una cohesionadora, extraordinaria y gran tarea colectiva popular y nacional; y, en tercer lugar, como audazmente decidido, por lo que se refiere al necesario y urgente establecimiento de la justicia social, imprescindible para salvar la libertad individual en armonía con el Estado, y no contra éste, y salvar también a la persona, no en oposición a la Patria, sino precisamente con ella.

La Filosofía nacional, al afirmar la independencia del pueblo español y de la cultura española e hispánica en general, defiende la creación de un Estado nacional capaz de hacer valer tal independencia frente a imposiciones extranjeras o internacionalistas.

En la raíz de tal independencia no puede situarse al liberalismo, pues la liberal es una concepción que la Filosofía nacional estima como muy inferior en términos antropológicos, éticos, políticos e históricos a la concepción cristiana de la gran tradición de España.

El Estado nacional es, pues, concebido no como gerente, regulador o árbitro neutral de los intereses particulares de los miembros de una nación entendida como conjunto de apetencias individuales o de intereses egoístas, y a los que el Estado ha de garantizar su dinamismo.

Frente a dicha concepción liberal de lo que es una nación y del papel que corresponde al Estado en ella, se halla la identificación entre nación y patria a la que responde el Estado nacional.

La Filosofía nacional concibe a la nación como confluencia de realidades históricas que son la consecuencia de un espíritu que, por su propia naturaleza, trasciende a las personas concretas, con rango superior a los deseos de éstas.

Por lo que respecta al Estado, éste es pensado como poder justificado en su autoridad por estar al servicio de unos fines nacionales plenos que, por serlos, trascienden las pugnas de intereses individuales o grupales.

El Estado nacional se presenta, así, como garante de la unidad fundamental entre todos los españoles, sobre la base de la armonización del destino patrio y la justicia social. No se concibe, pues, su existencia sin la consagración de la nación al pueblo y, simultáneamente, sin la adhesión de éste a los ideales y exigencias de la Patria.

El Estado nacional es pensado, pues, como un Estado popular, militante, de servicio, ético, consciente de que la realidad y fecundidad de la revolución nacional sólo es posible con el apoyo y la colaboración del pueblo.

La revolución marxista es, pues, contemplada por la Filosofía nacional como profundamente negativa.

En primer lugar, porque al mantener una concepción materialista de la vida humana y del devenir histórico, tal revolución no aspira a instaurar un orden económico sustancialmente diferente al vigente y más justo que éste.

Y, en segundo lugar, por la perversidad intrínseca que le constituye y le lleva a la persecución y destrucción radical, sistemática y aterradora de elementos esenciales y cohesionadores en la civilización cristiana, tales como la Religión, la Patria, la armonización social y la libertad individual, sustituyéndolos por el ateísmo hostigador, el Estado tiránico, la clase absolutizada y el control integral y asfixiante de la vida personal y familiar.

13. Las metamorfosis

Para la Filosofía nacional, la trasmutación de medios en fines, de valores relativos en valores superiores, últimos o absolutos, así como la lógica evolución de tal conversión en instrumentos para el desquiciamiento e imposibilidad del logro de la integración y armonía sociales, se sitúan en el eje de las anomalías generales del presente.

El liberalismo, heredando y nutriéndose de la savia de siglos precedentes, despilfarró lo mejor y más válido de ellos cultivando el cuestionamiento de todo e induciendo la ensoñación del progreso indefinido. De este modo, generó los devastadores y frustrantes procesos de depauperación y miseria social, así como atroces guerras y conflictos sociales. En su devenir, el agravamiento de los problemas ocupó el espacio hueco creado por la carencia de soluciones.

Así, el progreso entendido como lo que significa en sí mismo, esto es, como mejora o perfeccionamiento, no ha sido en la contemporaneidad, precisamente, el medio para lograr tal crecimiento en el ámbito del bien y de la virtud en general.

Absolutizado en su vertiente material, tomado como fin en sí mismo, sin entender su instrumentalidad respecto a lo verdadero y lo bueno, el progreso se ha retorcido y deformado hasta instaurarse como ídolo materialista que anima y justifica la industrialización feroz, la concentración de capitales y la depredación de la sociedad en forma de aniquilación tanto de la propiedad privada como de empobrecimiento de trabajadores, extenuación de la pequeña producción y proliferación de crisis recurrentes.

De forma paulatina, la libertad dejó de concebirse como medio para obrar el bien y alcanzar la verdad, y pasó a entenderse como finalidad en sí misma, como capacidad superior por sí y validada o justificada sólo y únicamente por sí misma y, por ello, como potestad incondicionada.

Así, desligada de las virtudes y meramente orientada a la elección de esto o de aquello con exclusión del bien objetivo, la libertad dejaba el camino expedito para necedades ideológicas, crueldades sociales y atrocidades bélicas.

De este modo, haciendo pasar los medios por fines, los instrumentos por finalidades, se consigue poner el foco de atención del pueblo más en lo primero que en lo segundo y, entre distracción y entretenimiento, se posibilita y fomenta la acción de los partidos políticos para alcanzar, a modo de contrabando, sus metas reales, es decir, sus auténticos fines, siempre fecundos en causar decepción, angustia, divisiones, luchas y resentimientos.

En el horizonte de la Filosofía nacional se contempla la construcción de un orden nuevo de valores orgánicos en lo histórico, en lo moral, en lo político y en lo económico, que sustituya al sistema capitalista y, con él, también al marxismo, concepción larvada que vive ensamblada a tal sistema capitalista, tomando a éste como nutritivo conglomerado para su propia amplificación y desenvolvimiento.

Con profundas raíces cristianas y españolas, tal orden debe elevarse hasta el Estado partiendo de la persona, íntegra unidad sustancial de cuerpo y alma con esperanza de resurrección, no disuelta en sus manifestaciones puramente temporales, para así ir ascendiendo hasta la familia, el municipio y el sindicato, unidades naturales de convivencia.

Querer partir de la persona implica tener plena conciencia de que debe favorecerse a cada persona todo lo que sea posible, porque su perfeccionamiento moral, su progreso político y la mejora de sus condiciones de vida vienen exigidas tanto por su naturaleza como por su destino eterno, es decir, por su segura posibilidad de salvación.

IV. TOXICIDAD DE LA FARSA

14. Revolución o mimetismo

La dialéctica entre revolución y contrarrevolución puede resultar confusa cuando no se sitúan bien los términos de la cuestión.

Si se entiende la revolución como la pretensión o el logro de la inversión de un orden social, económico y político instaurado y ordenado en sus ideas fundamentales sobre la fe católica, sobre un modo concreto de sentir y articular la patria y de concebir la justicia social, cronológicamente anterior a los efectos derivados de la ideología y acción de los sucesores de la Revolución francesa, entonces la revolución adquiere nombre común de referente único

Así, fijar un referente único convierte a su antítesis u oposición absoluta en referente único también, que es lo que ha ocurrido con la expresión de contrarrevolución.

Por lo que se refiere al contexto discursivo de la Filosofía nacional, la revolución que precisa España es entendida como realidad intencional histórica ya formada y acreditada, además de como posibilidad y fuerza de cambio sustancial y permanente del sistema entero, es decir, de las estructuras sociales, económicas y políticas establecidas.

La revolución nacional se presenta como la que, haciéndola todos juntos, compartiendo prosperidad y adversidades, y pretendiendo ser superadora de egoísmos personales, de intereses de clase, de grupo, de partidos políticos, así como de castas y de injustos e inadecuados privilegios, deberá desbloquear la trama del sistema político dominante y liberarse de aquellas otras revoluciones que enconan, comprimen y dividen a la nación.

Tales revoluciones, tan antagónicas a España como originariamente foráneas, no nacionales, aunque sí antinacionales y agresivamente importadas, son la revolución liberal y la revolución socialista.

La primera de ellas, la revolución liberal, se caracteriza por su lucha incesante de partidos políticos, extraordinariamente corrosiva para la nación, dentro de un marco constitucional impreciso y ambiguo en el que todo es coyuntural, interpretable y posible por virtud del número de sufragios y de las maquinaciones posteriores posibilitadas por éstos.

La revolución socialista, por su parte, muestra su incapacidad para resolver la lucha permanente entre clases sociales, conflicto que ella misma alienta, agudiza, perpetúa y aprovecha como forma de legitimación ideológica y de supervivencia operativa propias, y que convierte en hostil dialéctica contra la unidad nacional.

En efecto, frente a las revoluciones liberal y socialista, la revolución nacional española, medular en la Filosofía nacional, tiene como objetivos primordiales hacer participar a toda la nación en el logro, el orgullo y los frutos del destino recobrado por la Patria, así como elevar las condiciones de vida de los sectores menos privilegiados y de quienes sobreviven en riesgo de exclusión social y de pobreza, armonizando así lo nacional con lo social.

En su corazón late la síntesis entre Tradición y revolución superadora de las citadas revoluciones antinacionales. Tal síntesis, en la Filosofía nacional, no se entiende como cambio violento destinado a restaurar el pasado, o como caos desestabilizador orientado a sustituir el régimen político actual por una reproducción de logros pretéritos.

Al contrario, la revolución nacional es entendida como ocasión moral, política y socioeconómica para conquistar el Estado y delinear con precisión, y conforme a principios absolutos de justicia y verdad, el mapa de la integración de lo social con lo nacional, y de ambos con el destino esencial e histórico de España.

En su intención está el ir desmontando y sustituyendo, simultáneamente y de forma paulatina, el sistema capitalista, lo que abre paso a la tradición como médula doctrinal de la que nutrirse para avanzar en la consecución presente y futura de ideales proclives al logro de una auténtica y sólida comunidad nacional.

La idea de revolución nacional se manifiesta ligada tanto a la defensa del propio ser nacional como a la afirmación precisa, entusiasta y combativa con fuerza poética, lo cual conlleva afirmar que, siendo importante, lo primordial no es la fuerza material, la capacidad instrumental, la estrategia de lucha y la disciplina, sino la calidad del espíritu que se opone al ánimo de las revoluciones liberal y marxista, esto es, la fe, el honor y el fervor por España, que es lo que constituye la poesía que promete.

Al concebirse como un enfrentamiento fundamentalmente espiritual, la apelación a la poesía colectiva está ligada a la necesidad de nutrir a los conceptos y a las ideas, a los principios y a los objetivos, con las palabras sugestivas de la expresión poética que es manifestación sensible de un hontanar espiritual, que enciende almas hasta llevarlas al fervor místico.

Un pueblo en estado de deserción, carcomido por el escepticismo, acomplejado ante lo foráneo, rendido en su propio mutismo e insignificancia histórica, y empantanado en la mediocridad, no puede por sí solo recobrar ni otorgar el espíritu para mejorar y, así, ganar la libertad. Tampoco puede hacerlo el impersonal, desnudo y vacuo paso del tiempo.

Entre el egoísta cinismo incinerador de la locuacidad liberal y la narcisista perversidad que encierra la fingida altivez moral del socialismo, los grandes problemas nacionales se agudizan inexorablemente, y las grandes soluciones van quedado aplazadas de manera fatídica.

El régimen liberal democrático, sembrador de pequeñez y desánimo con su constitutiva idolatría electoral, no cuenta ni con un ideal unitivo por el que sacrificarse ni tampoco con una nación unida que apueste por intentarlo.

Es un artificio que únicamente dispone de meros programas de partidos políticos realizados con el único objetivo de cautivar el ánimo del electorado, a sabiendas de que no van destinados a cumplirse jamás.

15. Permanencia y fluctuación

La ideología liberal y parlamentarista sustituye, de hecho, la noción de verdad como adecuación del entendimiento a la realidad por la de principio procedimental originado y perfilado de forma colaborativa y aceptado mediante el refrendo de la mayoría. Le conviene hacerlo, pues así resultan entronizados el origen, el número, la voluntad, la aquiescencia y lo fluctuante.

Como consecuencia de ello, la verdad, y con ella la justicia, pierden en la concepción liberal su naturaleza ontológica, dejando así de ser categorías permanentes de la razón, y quedando su significado y su aplicación u operatividad al arbitrio de decisiones circunstanciales de la voluntad, ya sea de la expresada por el número de votos o de la convenida en pactos de legislatura.

Así, no es ya la realidad, ni la razón, ni el fin, ni lo constante lo que ocupa el puesto rector, desapareciendo lo que es por sí mismo, sea la justicia, el bien o la verdad, e instaurándose un sistema político o régimen caracterizado por su permanente arbitrariedad, así como por lo intrincado que resulta, al regirse por reglas y principios considerados relativos, provisionales, interpretables y mudables.

Hay que añadir algo significativamente relevante acerca de su funcionamiento. En efecto, debe indicarse que tanto las minorías divididas que depositan sus votos como la mayoría indiferenciada que no se manifiesta a través del sufragio, han sido destinatarias y, por todo ello, víctimas, del sectarismo, así como de las pugnas públicas más o menos fingidas de la mascarada de los partidos políticos.

El cuestionamiento que realiza la Filosofía nacional de los partidos políticos hace ver que éstos, provocando la discordia social con infundios, con burlas, con demagogia, e injuriando, calumniando y difamando, dividen, enconan y agotan anímicamente a la nación, privando a toda ella, por arriba, de la supremacía de lo espiritual, de la fe colectiva, de la Patria como unidad histórica y de destino; y, por debajo, de la necesaria unidad social armonizadora.

De ahí que tal Filosofía no pueda contemplar como lícito un sistema político basado en múltiples e incesantes consultas electorales, cuyos resultados siempre van a estar lejos de posibilitar una amplia y profunda política nacional.

Tales resultados terminan siendo utilizados únicamente para volver a revisar y repensarlo todo, hasta la propia unidad territorial y la existencia misma del Estado, si se llega a pensar que ello es un beneficio que avala la calidad de las estrategias de mejora en los sucesivos sondeos de opinión y de cara a las siguientes elecciones.

El régimen parlamentarista es, para la Filosofía nacional, una farsa sostenida para beneficio, principalmente, de la clase profesional de los políticos y de la cascada de cargos, conveniencias y negocios que se agregan a la farándula.

En el contexto artificioso del sistema de partidos políticos, carece de sentido preguntarse por la capacidad de los candidatos elegibles, así como por su aptitud para la consecución del bien común, pues ni se conoce ni importa cuál sea este último, ni tampoco es necesario para el sistema político tener certeza previa de la competencia de cada candidato.

Dado que estas dos últimas cuestiones no interesan lo más mínimo a cada una de las sociedades de explotación electoral en las que se constituyen los partidos políticos, éstos sólo se preocupan por reunir en un programa un conjunto de promesas concebidas únicamente para seducir al mayor número de electores y cuya probabilidad de cumplimiento es notoriamente escasa o nula.

Si a ello se añade que la preferencia o el apoyo que cada persona expresa con su voto se debe a razones no siempre racionales, ni reflexionadas, ni contrastadas, entonces se muestra un cuadro heterogéneo que amalgama motivos tales como el magnetismo del candidato, la confianza que éste inspira, la credibilidad del mensaje o programa, la evitación de otros candidatos, los intereses estrictamente particulares, la influencia de la campaña electoral, la identificación ideológica, la rutina o costumbre, así como la influencia de los medios informativos y de comunicación.

Ahora bien, dado que el predominio ejercido por estos últimos, por los medios informativos y de comunicación, es intenso a la hora de intervenir en la confección de todos los motivos indicados, con excepción del vinculado a la costumbre, se justifica la apreciación de que los electores ven pervertida su convicción con fuertes dosis de sugestión inducida que el propio sistema político de partidos ha instituido, gratifica adecuadamente y maneja con astuta habilidad.

16. Desaliento y pusilanimidad

A fuerza de querer asumir el espíritu liberal se llegó a la más infame sumisión de inhibir la defensa de lo primordial. Por no parecer exigentes, se toleró que la fe católica y la Patria fuesen expulsadas en tanto que realidades constitutivas que deben vivirse y defenderse, y que hasta la misma expresión de ambas como ideas o como sentimientos superiores fuese soterrada.

Tal retroceso y ocultación, unido a la falta de una noción recta y clara de justicia social y de ambición netamente nacional, degradaron la función política del Estado que, sin unidad suprema a la que obedecer y servir, ha quedado estancado, reconvertido en administrador, en mero agente depositario y suministrador de procedimientos que, o no responden a los requerimientos de los asuntos más serios y graves, o lo hacen tibia, lenta e insuficientemente, cuando no incurriendo en dejación y hasta en abierta traición.

El liberalismo es contemplado por la Filosofía nacional como instigador de una forma inmoral e hipócrita de Estado que resulta incompatible con los principios de justicia social, de unidad, de libertad y de grandeza a los que se aspira de modo inveterado para España.

Se considera, pues, que las libertades de las personas se resienten gravemente en el marco de una política liberal, al serles arrebatado su sustrato nacional y religioso en aras de una pugna inacabable entre intereses individuales, entre partidos políticos, entre clases sociales y entre regiones.

Tal pugna alberga la intención de convertir dicho escenario dramático en caldo de cultivo propicio para el lucro económico y el incremento del poder de unos pocos, así como para incrementar y consolidar tanto la influencia de grupos políticos y económicos de presión como el asentamiento del imperialismo financiero internacional.

Con su atomización individualista de carácter demoburgués, el débil Estado liberal disuelve e imposibilita la organicidad de la sociedad, dividida y enfrentada tanto por la acción de éste como por su pasividad, mientras que la concepción tiránica del marxismo trabaja sobre la misma sociedad, ya diluida y enconada, para aniquilar a las personas.

En ambos casos, los sectores con más necesidades económicas no dejan nunca de tenerlas, y de hacerlo con la misma intensidad, a lo que hay que añadir lo que, además, se les sustrae, como es la vigencia de su noble tradición histórica, la pertenencia propia a una Patria unida, así como su participación en un gran destino nacional y universal.

El Estado, sin misión que cumplir, pierde su justificación interna. Y, perdida ésta, se vuelve tibio hasta rozar la cobardía. Se convierte en hogar de tráfico de influencias, de intrigas, de picaresca y, por ello, en objeto de desafección, cuando no de desprecio general.

Como consecuencia de ello, el Estado se convierte en copartícipe de los partidos políticos por lo que se refiere a la generación e intensificación de los graves conflictos que amenazan su estabilidad y solidez, sin que vaya a recibir de ellos ni la solución justa ni tampoco las medidas satisfactorias.

Un Estado que no sirve a otro fin distinto y superior a sí mismo se convierte en un Estado tiránico o un Estado débil. Esta segunda posibilidad es la propia del Estado liberal que, por falta de justificación supragerencial, esto es, por limitarse a ser un mero administrador, se reduce a ser un prestador de servicios limitado, en todo caso, a proteger insuficientemente la integridad física y el patrimonio de individuos que únicamente sirven ya a sus individuales y egoístas intereses.

Si el Estado sirve a un bien superior justo y legítimo, como es el destino de la Patria y la justicia social de la nación, el Estado asume su papel directivo y limitado, fundamental para alcanzar el fin. En tal caso, nunca se absolutiza ni tiraniza, porque no se identifica con la finalidad a alcanzar, dado que se pone al servicio de un fin que es distinto de sí mismo y superior a él.

En sus reflexiones sobre la aspiración al logro de un Estado seguro de la razón que lo asista y justifique, la Filosofía nacional sostiene que el Estado no puede negar la realidad trascendente ni, por consiguiente, ponerse a sí mismo como realidad suprema y razón fundante.

El bien, la verdad y la justicia no las fundamenta el Estado, sino que éste debe buscar su realización, pues el fundamento de la autoridad del Estado es únicamente Dios, y no la fuerza propia, ni tampoco el fingido contrato social del Estado oligárquico que pretende convertirse en medida de lo esencial, en autoridad suprema e inmanente deidad.

Se aboga, pues, en la Filosofía nacional, por la consecución de un Estado que esté al servicio de la realización de un alto y total destino histórico, de una gran verdad reconocida y convertida en misión unitiva, de la conciencia nacional de una unidad armoniosa, animosa y firme.

Tal filosofía concibe un Estado que sea capaz de superar las luchas sectarias de partidos políticos, clases sociales y grupos. Un Estado que no sea sumiso ni a las presiones de bloques políticos mayoritarios ni tampoco a intereses de clase. Un Estado cuya finalidad sea lograr la plena armonización del destino individual y social de cada persona, en cuanto a su realización, felicidad y bienestar, con el gran destino de la Patria.

Todo ello habrá de ser lo que haga fuerte al Estado y a la nación, evitando así tanto su mutuo enfrentamiento hostil como las dos terribles falsificaciones o usurpaciones del verdadero significado y función del Estado, como son la del Estado tiránico, propia del Estado sacralizado del panestatismo, y la de un Estado vacilante por debilidad, propia del liberalismo.

Este último, sin creer en sí mismo, falto de seguridad en sus principios y funcionamiento y, por ello, carente de rigor y pulso adecuado para hacer valer la justicia, se muestra siempre acobardado frente a las circunstancias adversas a la Patria y a la nación, por lo que el daño que pueda infligírsele, por más grave que sea, sólo puede terminar aniquilándolo u obteniendo su comprensión y benevolencia.

Para la Filosofía nacional, sin un Estado que se sepa primer servidor de una misión superior y, por ello, detentador de una fuerte convicción interior y de una unidad robusta por armoniosa con los destinos particulares, no queda más que la oscilación entre la severidad abusiva de un Estado que no se justifica por ningún principio superior y que, por ello, sólo responde a un principio de imposición cruel de sí mismo, o un Estado languideciente y estéril que no sepa ni pueda irradiar más que apatía y parálisis general. En ambos casos, profundamente negativos e inadecuados, la justicia termina por resentirse tanto como la serenidad y la agilidad que sólo brotan del servicio al bien unitivo superior.

El marco constitucional del sistema parlamentarista es, pues, para la Filosofía nacional, el pilar preservador de las dinámicas trastornadas y negativas a las que está sometida la Patria.

Tal marco supone, pues, lo que encorseta y atrofia no sólo la existencia vital de las personas y la unidad territorial y espiritual de la nación sino, además, las posibilidades de una realización fecunda. De este modo, la vida de España, tanto en su orientación como en su vitalidad, se ven negativa e irresolublemente afectadas.

Por ello, el ordenamiento constitucional no es aquí contemplado como posibilidad de convivencia y desarrollo, sino como rémora en el despliegue de España. Es el que posibilita la parálisis de su alma colectiva e histórica, así como lo que anula los fundamentos, estructuras y dinamismos que podrían llegar a confluir con el fin de lograr la instauración de una convivencia social justa.

No identificándose la Constitución con la Patria, ni estando, de hecho, al servicio insobornable e imperecedero de ésta, y no siendo el valor y existencia de aquélla más importante que el de la Patria, el orden constitucional, es contemplado como el obstáculo o impedimento que la Filosofía nacional estima como inconveniente a remover.

17. Unidad o desintegración

Por que respecta al separatismo territorial, la Filosofía nacional destaca el hecho histórico de que la mayor grandeza y relevancia atesorada por catalanes y vascos ha sido lograda no de forma separada, sino incardinada en los destinos comunes de la Patria.

Cuando tales esfuerzos y grandes logros existieron incorporados ya a la magna unidad nacional de todos, como elementos esenciales del genio de España, unidos a la vena nacional, florecieron y fueron universalmente fértiles, dando sus más excelsos frutos.

Ahora bien, el régimen de partidos políticos no ha sabido equilibrar económicamente los territorios de España, ni tampoco señalar y robustecer el sentido unitivo necesario para enraizarlos todos en una común misión universal.

Las componendas entre partidos políticos que se necesitan entre sí para gobernar, así como los incesantes privilegios políticos, jurídicos y económicos territoriales, y el conformismo patológico propiciado desde todas las instancias institucionales, han ido generando el estancamiento apocado y decadente que viene sufriendo la nación entera y que la llevan al límite de su pervivencia.

De ahí que la Filosofía nacional contemple el separatismo no sólo como fruto anímico y político de una reacción contra un Estado que ha perdido el norte, y una situación ética y política de general e intenso debilitamiento y deterioro sino, además, como elemento postizo y perjudicial para los mismos pueblos o regiones que coloniza.

El separatismo no sólo es una creación ideológica que responde a fines espurios, sino que es capaz de arrebatar del propio ser de los pueblos que somete la íntima y constitutiva razón de su grandeza histórica, así como su virtualidad futura.

La estéril y suicida insignificancia es, pues, la única consecuencia que las regiones que sucumben al separatismo pueden esperar de esta contraproducente falsificación. Insignificancia en el doble sentido de pequeñez espiritual y de limitación física.

La aspiración al independentismo genera dinámicas intensamente negativas, pues no sólo extorsiona al pueblo de la región que dice defender, sino que lo convierte en víctima a la que amputa la fecunda participación en la misión histórica en lo universal, así como la posibilidad de seguir dando continuidad a esa gran tarea en el presente y en el porvenir.

De espaldas a sí mismos, contra sus ascendientes y descendientes. Vueltos reseca e insustancialmente hacia un huero y egoísta adentro. Encerrados y sometidos en la tierra inmediata y despojados de valores eternos que realizar y entregar en una misión histórica y universal. Así quedan los pueblos que antaño fueron liberados y potenciados en el seno de la gran Patria, asfixiados ahora en su privación de anchas y de altas expectativas, dentro de meras lindes sin orbe y de clima sin cielo.

En otras palabras, el independentismo daña tanto a la región como a la Patria. Propicia la traición a las dos, en el triple sentido de crear, absolutizar y blindar una fingida y delirante personalidad propia; de eludir la idiosincrasia real e histórica de la región y, en tercer lugar, de desligarse del ser y de los caracteres esenciales del genio de la totalidad, que es España.

Es separatismo, pues, destruye siempre, tanto cuando odia, desune y enfrenta, como cuando exalta y dice amar sólo la envoltura física y la manifestación folklórica de la región, obviando la profundidad de su alma.

La grandeza de España admite la histórica variedad legislativa, pero el mantenimiento de su unidad nacional exige que el sentido de la nacionalidad española, que la conciencia de la unidad de destino en la que España consiste, esté bien arraigada en todo el territorio.

Dado que los estatutos de autonomía han sido, y siguen siendo, instrumentos potenciales de desmembración patria en manos de los poderes políticos autonómicos, la Filosofía nacional muestra su prevención hacia dichas normas institucionales en aquellas regiones en las que su poder político ha mostrado de modo permanente su intención separatista.

Asimismo, la Filosofía nacional es consciente de que el desafío separatista no puede afrontarse únicamente con medidas policiales, ni con recentralizaciones en ausencia de unificaciones, pues se trata de un asunto que resulta irreductible a un mero problema de orden público.

La superficialidad que supone no tomar en consideración la importancia personal de la intensidad afectiva que puede derivarse de la inmediatez del terruño, que es por la que se movilizan muchos separatistas, puede llevar a cometer el error de creer que ello podría ser contrarrestado por un patriotismo de carácter unitario totalmente alejado de la virtud de la piedad, esto es, del sentimiento de gratitud, así como de la búsqueda del bien común orientado al fin último del ser humano.

En tales condiciones, con tales carencias, este último no pasaría de ser un endeble, ocasional e insustancial pseudopatriotismo emocional, un simple y vago afecto por lo accesorio o folklorismo expresado en exaltaciones conmovedoras y, por ello, estaría incapacitado desde su mismo origen para oponerse, resistir y reconducir al independentismo político.

V. EL AMOR Y EL DEBER

18. Aire fresco

La conciencia de la necesidad de restitución y revitalización de lo más fecundo de España procede, según la Filosofía nacional, de la experiencia amarga del dolor por la Patria.

Un dolor intenso y profundo provocado por las ocasiones en las que ha quedado frustrada su posibilidad real para reverdecer, para escapar de su postración vegetativa y recobrar la vitalidad, es lo que ha abierto en el pueblo un compás de espera tan humillante como carente de esperanza y fe.

Frente a la demagogia y la violencia con la que tanto el liberalismo como el capitalismo y el marxismo han ido menoscabando paulatinamente la dignidad moral, social y nacional de personas e instituciones, la Filosofía nacional asume la sublime y difícil misión de hallar en la gran tradición española la España eterna y exacta, y de fortalecerla vigorosamente para afrontar el futuro.

Es dentro mismo de España, en su propia vena espiritual, donde se halla la razón y la fuerza de su recuperación y expansión, contra las instrumentalizaciones y deformaciones egoístas, la necedad de la simulación, la malicia de la ignorancia fingida y los profundos e intensos odios seculares, tanto propios e internos como externos a la nación.

19. Lo que se es

La noción de Patria, es decir, de lo que España es y significa para la Filosofía nacional, resulta pertinente para comprender aquello a lo que ésta aspira a iluminar, es decir, la finalidad que persigue, así como la actitud que la anima. Y en este contexto, realidad originaria, finalidad y actitud son los elementos fundamentales que constituyen la columna vertebral de la Filosofía nacional.

En primer lugar, por lo que se refiere al España, ésta es concebida como unidad, es decir, no como ancha homogeneidad de un único y gran conglomerado de terruños, sino como síntesis fusionada y transfigurada en una realidad superior, como sustantividad suprema e intangible.

Alcanzada históricamente con fe, diligencia, esfuerzos, sacrificios y hazañas de incontables generaciones, España, la esencia de España, se nos entrega en cada presente no como objeto patrimonial a nuestra libre disposición, sino como noble y fecunda herencia que estamos obligados a recibir, a respetar y a transmitir en su integridad, cual depósito sagrado, a las siguientes generaciones.

Por ello, la Patria cuenta con el carácter de indivisible permanencia e irrevocable trascendencia, no siendo algo que se pueda enajenar, abandonar o desfigurar al antojo de sus transitorios receptores, ya sea por desaliento, egoísmo, cobardía, ineptitud o carencia absoluta de un sentido integral.

No se concibe a España en la Filosofía nacional como agregado de naciones, sino como nación única. Ello, lejos de uniformizar lo diverso, le confiere su puesto exacto. Porque una nación no se piensa aquí como lo meramente local, como un territorio que es soporte físico de lo espontáneo, próximo, directo y afectivo.

Tampoco se concibe a la Patria como un mero enclave que es telón de fondo de lo que se experimenta, se siente, se degusta y se recuerda. No es una nación aquel agregado social y territorial que carece de un destino histórico y universal propio y diferenciado.

España es espíritu encarnado, con valor universal, hecha por el espíritu, contando con personas y territorio como realidades ónticas, como expresiones corpóreas de ella. Más que un limitado y simple conjunto de valores y bienes acumulados, es un acervo donado, transmitido y realizado, con valor universal, que se ha ido paulatinamente depositando bajo la custodia de una nación con la misión de seguir siendo desplegado por ésta en su forma más perfecta, de manera ininterrumpida, a través de las sucesivas generaciones.

El sentimiento de apego al terruño, a la tierra nativa, siendo natural, común y, por lo tanto, respetable, está imposibilitado por sí mismo para alcanzar el rango de patriotismo espiritual, al carecer de valores, razones y realizaciones históricas y universales que, por ello, deban ser mantenidas en el futuro.

Así, exclusivamente la tradición espiritual de España como ansia de vida temporal y de eternidad, como unidad de destino universal y, por ello mismo, no geográfica o territorial ni tampoco racial o limitada a los coterráneos, es corriente histórica que apunta en su vértice más elevado, con valor ecuménico, al porvenir de una comunidad espiritual.

Ello no ha de llevar a creer que la Patria deba vegetar anclada en recuerdos y en formas exteriorizadas de nuestro glorioso pasado; ni tampoco que el Estado nacional deba reproducir políticas ya periclitadas.

Al contrario, lo que significa es que se debe ser consciente de que el espíritu de la Patria llega hasta hoy tras haber transitado a lo largo de la historia. Y que, en dicho devenir, ha extendido sus deseados ideales de bien y de justicia universales, de conducción conforme a aspiraciones propias, de recuperación popular de su arrebatada grandeza nacional, así como de la libertad y la legitimidad que ésta otorga. Y todo ello, a su vez, significa que, por su propia naturaleza, fertilidad y acrisolado prestigio, tales virtudes son seguro fundamento y realidad vigorosamente inspiradora para afrontar el porvenir.

De la misma forma que la finalidad está prefigurada en los comienzos, la nación con unidad de destino ya tiene precisadas en sus orígenes mismos las líneas generales que la orientarán en el porvenir.

Estrictamente hablando, no se trata aquí tanto de fidelidad al pasado como tiempo ya extinguido, sino del mejor pasado como expresión y obra inmortal del espíritu de la Patria que la impulsa al futuro, como ser propio que fortalece el propio ser.

Por todo ello, el patriotismo espiritual, preeminente e inconmovible, situado no en lo afectivo sino en lo intelectual, no en lo pasional sino en lo virtuoso, es deber sustentado con la fuerza de la inteligencia y, por ello, es experimentado más como un imperativo que como una opción con intermitencia emotiva.

Es, pues, la universalidad, concebida intelectualmente, y no la simple, sensitiva y hosca raigambre que absolutiza el sentido de la tierra, la que confiere realidad a la nación. España, pues, es no sólo una nación, sino una nación única con un destino, con una misión; una unidad de destino, un instrumento histórico con una tarea universal, característica, propia y diferenciada, que trasciende intelectualmente lo limitado y meramente visceral.

Aquello que ha justificado y sostenido a España es, para la Filosofía nacional, su peculiar vocación imperial para procurar la luz del Espíritu, para dar vida, y para armonizar pueblos, lenguas y costumbres en un destino universal. Sin ello, al margen de tal unidad de destino, despojada de los valores esenciales del espíritu, hubiese sido escasamente excepcional y limitadamente relevante en la historia.

En el presente, esa totalidad victoriosa que es España debe ponerse en disposición de volver a construir el bien que sabe y conoce; de volver a hacer valer su vocación eterna sobre las clases sociales, sobre los partidos políticos y sobre su propio territorio, en las antípodas de pretender privilegiar a una clase social, sustituir los partidos políticos por otro partido político u oponer emotividad patria contra emotividad localista o regionalista.

Es una exigencia expresada en la Filosofía nacional el conseguir llegar a entender y sentir la Patria en su exactitud, como misión, como emprendedora y ejecutora de un gran destino espiritual y humano. El llegar a contemplarla como realidad unida e indivisible, y como nación relevante, firme y libre en el mundo, por sus obras espirituales y materiales. El alcanzar a comprender a España como superadora de graves conflictos políticos y económicos enquistados tanto como de sangrantes e intolerables diferencias e injusticias sociales. Y el llegar a experimentarla como reintegradora de la conciencia de lo espiritual y eterno en cada persona.

Frente a la tragedia que supone para España vivir sin perspectivas e ideales infinitos, la tarea propuesta por la Filosofía nacional es la de dar vida a un ideal nacional, social y antropológico orientado a configurar la incorporación del interés de todos al interés total y común de España, y consolidar así el surgimiento de una genuina fuerza nacional compuesta por todos, de un movimiento capaz de trasladar la pujanza de su espíritu a la realidades y a las aspiraciones temporales, tanto a las actuales como a las venideras.

En la unidad de destino radica la clave para superar el antagonismo que pudiera darse entre las personas y el Estado. Tal oposición hostil queda excluida cuando la Patria es, de verdad, una unidad de destino en lo universal.

En tal unidad, personas y Estado miran en la misma dirección y en el mismo sentido, pues cada una de ellas porta una misión que, con características peculiares, armoniza con la que es propia del Estado. La misión, por ser compartida, impide a personas y al propio Estado desatenderla, escamotearla o traicionarla.

El destino justificador de la Patria desenreda, pues, todo antagonismo, al hacer prevalecer la armonización entre persona y Estado para, a través de la unidad, conseguir para todos tanto la justicia social, como la grandeza y la libertad, dejando así de ser una nación convertida en cortijo para uso, beneficio y disfrute de quienes se encaraman en el poder, aunque lo hagan por la voluntad de muchos, de todos o sólo de sí mismos.

20. Esfuerzo incesante, finalidad serena

En España se ha favorecido e impulsado que se perdiera de vista su gran obra, la realización de su ideal civilizatorio supremo, bueno y justo, inalcanzado para todas las demás naciones. Se llegó a tal ocultación y falsificación no sólo por la acción de otras potencias internacionales sino, además y en gran medida, por propio abandono.

Dentro de la propia España, el vigor espiritual del Imperio español se fue soslayando y sustituyendo por un insignificante y triste régimen político aburguesado y burocratizado, de mera gestión pragmática en todos los órdenes.

Tan irreconocible como ya desvitalizada, la España resultante quiso olvidar que tal el imperio había sido una monarquía católica, misionera. Abjuró de su historia, traicionó su rumbo, quebrantó su destino, perdió lo absoluto y acabó dejando de comprender su alma, de entenderse a sí misma.

A medida que en España se iba tomando conciencia de la merma de su genio, del eclipse de su ser, fue brotando la acomplejada y reverencial curiosidad por lo extranjero, que fue alcanzando progresivamente el nivel de admiración por gustos, poses e ideas provenientes de naciones que nunca alcanzaron, ni llegarán a alcanzar jamás, la universalidad, la altura espiritual y la dimensión humana de las empresas logradas por el alma de España.

Y así, paulatinamente se fue instalando en ésta la acomplejada pervivencia en inferioridad, así como esa falta de lucidez que ciega toda original fuente creadora. De forma gradual, su existencia plana fue quedándose sólo con los asequibles adornos que procura el fingimiento y el mero aparentar, esto es, sin valor alguno.

Ahora bien, las revoluciones, tendencias, ideas y modas extranjeras que anegaron España, y que aún lo hacen con intensidad en el presente, manifiestan por parte de ella una esterilidad flagrante. Ello se debe a que aquéllas brotan del no ser de España, siendo simples productos de importación.

En ella, tales productos introducidos son sólo desarraigado plagio de material ya averiado, y muestra triste de la actitud de servidumbre mendigante y humillada. Actitud propia de quienes, sintiéndose dóciles e invisibles habitantes del deprimido extrarradio de la considerada brillante metrópoli, ya no les queda más que la bufonada de hacerse notar como toscos y como pobres imitadores. Éstos, cubiertos con andrajos ideológicos, también de importación, sólo han sabido alardear de poder contorsionar su vaciedad, porque ya nada tienen que decir al mundo.

Pero España está instalada —insiste la Filosofía nacional— en no comprender que, apartada de su propio ser y sin esfuerzo alguno por recuperarlo, en nada enriquece al mundo, porque nada de sí tiene para ofrecer, y nada aporta ya al beneficio de la humanidad.

España ha dejado de abordar el problema en su misma raíz genética, universal, y se entretiene buscando remedios vacuos para asuntos de poco calado, tan insustanciales como coyunturales y secundarios. Y cree que, haciendo llegar los remedios desde el exterior de sí misma, se nos salva de nosotros mismos.

Ello es resultado de creer que son otros, extraños, los que saben y pueden dictar en cada momento qué es el progreso, cuál es el lado correcto de la historia, y qué papel debe interpretar la España desvalijada, indefensa y avergonzada en su grotesco divertimento e inconsciencia.

Es, precisamente, el mismo proceder el que posibilitó y promocionó la introducción entre nosotros de una cultura superficial e inconsistente; de una ordenación económica que nunca llega a la altura debida como para solucionar el problema de la injusticia social; que nunca traspasa la mera suma de economías privadas hacia una economía organizada en función de los fines de la nación, así como de la desastrosa, egoísta y disolvente idea liberal de libertad, con su rastro inacabable y trágico de daños ocasionados sobre las personas y sobre la nación entera.

Por lo que se refiere a la libertad, la Filosofía nacional se refiere a ella en términos no liberales, esto es, apartada de un limitado libre albedrío sin conexión alguna con la libertad moral, que es la voluntaria, permanente y efectiva determinación por el bien.

Es debido a ello que tal concepción filosófica rechaza la falsificación que el liberalismo hace de la libertad, al asociarla a la capacidad individual e institucional para poder disimular, traicionar e intoxicar al pueblo, así como para compartimentarlo en sectores hostiles, originar y exacerbar luchas sociales y territoriales, enaltecer a infames, absolver culpas y, a la vez, beneficiarse política y económicamente durante el proceso.

Frente a todo ello, tan parlamentarista y tan propio de las instituciones y sociedades ideológicamente demoliberales, la Filosofía nacional postula la conquista de la libertad de la persona, del pueblo y de la Patria; de la libertad en su sentido pleno, y no en el adulterado e inmoral de indiferencia o neutralidad ante el fin de la elección.

21. Perennidad de lo subyacente

La Filosofía nacional contempla como falsos binarismos y enfoques superficiales las oposiciones que suelen establecerse entre democracia y fascismo, entre parlamentarismo y absolutismo, entre constitucionalismo y autocracia.

El planteamiento de tales oposiciones es interpretado por ella como parte de un relato tendente a ocultar la necesidad que tiene la democracia liberal de legitimarse y consolidarse como único e incuestionable sistema político garante de la representatividad y libertad del pueblo en forma de ciudadanía.

Los binarismos a los que se alude, y que en el fondo son sólo uno, tienen, pues, la función de desvirtuar toda forma de entender la libertad que discrepe de la concepción demoliberal, históricamente determinada e ideológicamente perfilada, se haya producido dicha divergencia con posterioridad a tal concepción o, por el contrario, sea muy anterior a ella en el tiempo.

De ahí que convenga centrar la atención más en mostrar el propio ser que en defenderse por no querer verse encajado, artificial y agresivamente, en los ficticios espantajos con función paralizadora que son hábilmente construidos, difundidos y reiterados incesantemente por la propaganda del régimen parlamentarista.

Acorde a tal concepción determinada y precisa de la Patria que tiene la Filosofía nacional, el patriotismo consiguiente no puede ser sino un patriotismo de servicio o misional, de destino y, por ello mismo, abierto a la humanidad.

Se trata, en efecto, de un patriotismo crítico, no egoísta ni egocéntrico; inconformista; no visceral ni puramente afectivo, como el que deriva del apego irreflexivo a la región propia, sino intelectual, es decir, sostenido más con las razones de la inteligencia que con las del corazón.

En definitiva, es un patriotismo con voluntad de perfección, porque lo es de lo trascendental y eterno que aún palpita vigorosamente en las hoy rehuidas y soterradas fuentes genuinas del alma de España.

Para la Filosofía nacional no sólo es posible creer que hay fuentes sanas, vivas y vigorosas bajo la estéril y anodina superficie del simulacro de patria actual. Sostiene, así, que es necesario afirmar con rotundidad que el espíritu de la gran España sigue latiendo, resonando y resistiendo en lo recóndito de mucho y de muchos, con fe profunda, esperanza fundada y caridad sin medida.

Considera, pues, que aún perviven reductos sociales en los que se escucha el imperativo patrio y se conserva la solidaridad con las generaciones precedentes. Que todavía se custodia indomablemente el relato verdadero de los hechos y la memoria auténtica y viva de su gran fe motriz, de sus nobles intenciones y de sus iluminadoras glorias. Y que, además, se sigue creyendo y esperando el retorno de España para poder renovar y proseguir su imperecedero destino histórico.

Únicamente el afloramiento del genio de España, vena subyacente, profunda, latente y perenne de ésta, puede alumbrar la reaparición de la energía precisa y necesaria para devolver a la Patria tanto la justicia como la unidad, así como orientar su destino.

La Patria seguirá abatida si no se realiza en ella la justicia social, y ésta jamás será posible sin lo nacional. Muy alejada de la concepción de la verdad como resultado de una constante búsqueda dialógica, del acuerdo sobre la base de la discordia, del conflicto de egoísmos y de intereses particulares, o de la problemática admisión simultánea de consenso y disenso, la Filosofía nacional sostiene que tanto la verdad moral como la verdad social y la verdad política derivan de la adecuación del entendimiento a la realidad, siendo la realidad, en este caso, tanto la realidad primigenia que supone la raíz cristiana del ser de España, como la propia realidad filosófica del ser humano, social por naturaleza.

Dicha adecuación hace de la moral el asiento permanente de lo social y de lo político; de lo social, en cuanto que el bien moral se armoniza con las experiencias históricas y la cultura de la Patria en busca de la concepción más recta de la justicia social; y de lo político, en cuanto que el Estado nacional ha de nutrirse de dichos principios para ordenar su acción con sabiduría y justicia.

Por lo que se refiere al ser humano, su propia naturaleza social y, por tanto, no electiva, le insta a servir a la comunidad histórica de la que ha tomado su precisa configuración sociopolítica, con el fin de que sus obras sean favorecedoras de la unidad y fortaleza de aquélla. Es de este alto y noble deber primigenio del que habrán de derivarse todos los lícitos y legítimos derechos individuales.

El pasado histórico del alma profunda de España se convierte en corriente multisecular inextinguible y simiente del porvenir, iluminando e impulsando en los sucesivos presentes la misión por cumplir en el futuro.

Se trata de la gran tradición hispánica, madre nutricia e incesante guía en el devenir histórico; procesión ininterrumpida que vence abandonos y olvidos, que nunca cesa porque sirve a algo más alto que ella misma y que, exigiendo obediencia a quien manda y otorgando el mando espiritual a quien obedece, llama a la totalidad de la nación española a incorporarse a su ella para alcanzar su destino en su forma esencial, universal, es decir, desde la perspectiva de lo eterno.

Lejos de levantar barreras infranqueables con nuestros antepasados, la Filosofía nacional destaca la relevancia que tiene el ser consciente de lo mucho que nos une a ellos y de la necesidad de tenerlos en cuenta en la hora presente y siempre.

En tal sentido, y a la búsqueda ascética, intensamente esforzada, del reencuentro con la España exacta que palpita bajo la cotidianidad necrosada y los detestables escombros de la turbidez generada por una abigarrada mezcolanza de odio explícito o de desprecio en forma de afecto patriotero hacia ella, la Filosofía nacional propugna la necesidad de liberar el genio de España, esto es, su alma metafísica.

Tal reencuentro es condición indispensable para que la Patria pueda despertar de la pesadilla de la discordia persistente que la aflige, y dar continuidad a su destino histórico. Se considera que este esfuerzo por lograr la continuidad exige la robustez que sólo otorgan simultáneamente la profunda y primordial unidad de creencia, la unidad de pensamiento y la unidad de acción.

Esenciales todas, la unidad de creencia es, sin embargo, la que abre la puertas de la trascendencia a toda la nación en cuanto tal, dotándola de unidad esencial, aliento espiritual, firmeza y protección, así como íntima comunión con la eternidad y con la propia historia.

22. La vía del ascetismo

La senda del esfuerzo generoso para inscribirse de nuevo en el hontanar perenne de la Patria exige, según la Filosofía nacional, enaltecer la milicia, el sentido del honor y la perseverancia. Se trata del servicio abnegado, similar al que es propio de la forma de vida religiosa y de la militar.

Éste es caracterizado como un modo de ser y no tanto como un modo de pensar. Como una forma de vida en la que la existencia personal se muestra como disciplinada ofrenda. Dicha observancia únicamente ha de ser asumida no como algo impuesto, sino como expresión máxima de la libertad personal y como principio para convocar a todo el pueblo y conseguir, de ese modo, la hermandad nacional.

Tal vínculo unitario habrá de ser sereno, pero dotado de justa acometividad y máxima eficacia en su acción, así como el camino hacia un fin superior, más elevado que la propia vida, a fin de lograr que la muerte no sea sólo muerte, que el sacrificio dé paso a la vida eterna y, simultáneamente, que proporcione fecunda vitalidad en el esfuerzo por la recuperación de la Patria.

Dada su espiritualidad, tal modo de ser ha de ser una síntesis de las virtudes fundamentales de la vida consagrada a la fe y de la que se dedica al servicio exclusivo de la Patria, con un sentido total de la existencia personal, de la historia, de la Patria y de la política.

Deberá estar siempre unido y supeditado al principio del despliegue total de la Patria y al de la consecución absoluta de la unidad, así como de la mutua e integradora convivencia sobre la base del logro de la justicia social. Sólo así se podrán abordar los factores y las circunstancias particulares que se vayan presentando en cualquier momento.

Para superar el individualismo impostado y narcisista que carcome a España, basado en el perezoso y endeble egoísmo de creer que solamente se es libre cuando no se sirve a nada que no sea uno mismo, la milicia pasa de ser opción posible y pertinente a ser la exigencia ineludible para servir a la Patria, es decir, la única forma viable para lograr la confluencia armónica y fecunda de todos en un solo anhelo, como servicio total, disciplinado y jerarquizado, y como unidad de creencia y unidad de mando.

La unidad superior de religión, entendimiento, voluntad, mando, ejemplaridad y heroísmo, ha de operar como elemento esencial para hacer que la revolución nacional se haga realidad en la totalidad de la nación, es decir, para dirigir de forma diligente y resuelta las transformaciones necesarias.

Orientada a lograr la participación y el esfuerzo de todos en la dirección del bien que conviene a la Patria y, por tanto, a todos, tal unidad de deberes y sacrificios deberá in superando todas las resistencias propias y ganando todas las voluntades a través de testimoniar su servicio abnegado, de incrementar su autoridad moral a través de su legitimidad, calidad y competencia, y de traducir en máxima exigencia personal el modelo de mando que propone.

La Filosofía nacional, en cuando que es una concepción doctrinal, total y completa, con fuerte energía y disposición inmanentes que han de ser consecuencia de su llamamiento a exigirse en la vida de cada uno un sentido ascético y militar, no puede ser concebida como ni como adorno excepcional ni como escenario accesorio o decorado secundario.

Inserta en una cosmovisión histórica que exige llevar a España a surcar las rutas de su destino, la Filosofía nacional aporta los elementos precisos para iluminar e inspirar la conducción entera del Estado en su rumbo nacional y social.

De ahí que su relevancia no debería jamás poder quedar reducida a ser un mero y descontextualizado eslogan de panfleto, a difuminarse en el seno de un desvertebrado activismo político ni a convertirse en simple adorno intelectual en el seno de un espectáculo coreográfico de reinstauración, derechista o izquierdista, de la mediocridad partitocrática.

La Filosofía nacional alberga en su orientación hacia la transformación de la realidad no sólo el inevitable y constante enfrentamiento contra las resistencias del viejo orden mantenido por el régimen político dominante sino, también, un afán de triunfo, que incluye el logro de un Estado nacional, ligado únicamente a las propias fuerzas nacionales y, excepcionalmente, a otras colaboraciones siempre que sepan amoldarse a la disciplina exigida y sólo cuando se asegure el predominio de la propia concepción y disposición organizativa.

23. Las virtudes y el mando

Los planteamientos que la Filosofía nacional realiza sobre el mando y, más precisamente, sobre el sentido exacto del espíritu de la milicia y la unidad de mando, son clave para comprender, en su justa medida, el alcance que ha de tener el Ejército por lo que se respecta al despliegue y al cumplimiento de la revolución nacional.

La cuestión aquí es precisar la forma en que se contempla y valora la posibilidad de si, tras un imperativo insurreccional, los militares deberían asumir por sí mismos la alta responsabilidad de conducir la revolución nacional, o bien si debieran ser los propios militares quienes, en tales circunstancias, determinasen quién debería ostentar el mando de la citada revolución nacional, dirigiendo de manera directa las riendas del Estado que deba llevarla a término.

Lo primero que hay que decir es que el reconocimiento de la alta misión que, de modo permanente, tiene encomendada el Ejército español suscita la más profunda estima, así como el máximo respeto y admiración, por parte de quienes defienden la necesidad de mantener intacto, fuerte y unido, el espíritu nacional.

A la tarea de garantizar la unidad, soberanía e independencia de la Patria, el Ejército une un histórico, recio, permanente e incólume conjunto de virtudes heroicas, permanentemente puestas al servicio de España y, en ella, al servicio de la misma sociedad civil.

Desde esta perspectiva, el servicio a lo esencial y sustantivo, que es la Patria, así como su defensa, trasciende todo marco jurídico positivo y, por ello mismo, temporal. Porque un marco jurídico lo es de un Estado, y un Estado se debe a la Patria.

Pero si, por cualquier circunstancia, desapareciese ésta, si dejase de ser, el marco jurídico se descompondría al no poder ser ya ordenamiento de nada, esto es, de una entidad o realidad que ha dejado de existir como tal.

Por tanto, acerca de si el Ejército debería actuar hacia dentro cuando la permanencia de España esté en peligro, la respuesta de la Filosofía nacional es siempre afirmativa.

La fuerza de las armas resulta, pues, crucial en los momentos graves y urgentes de la historia, pero es la fuerza de las almas la que, conforme a una finalidad suprema, determina su pertinencia, justicia, tiempo e intensidad.

Así, las armas del Ejército nunca deberían ponerse al servicio de ningún bando interviniente en pugnas meramente partidistas. Sólo cuando peligrase la Patria misma, es decir, en los momentos históricos en los que en una disputa interna pusiera en serio riesgo la existencia misma de España como entidad y como unidad, se debería equiparar el peligro que supone tal disputa civil al riesgo que supone una invasión extranjera.

En tal caso, la Filosofía nacional admite y defiende que la actuación, hacia dentro de la nación, del Ejército estaría no sólo plenamente justificada, sino que, además, sería siempre un imperativo moral de la máxima categoría y, por tanto, inexcusable.

Por lo que se refiere a la segunda cuestión planteada, esto es, a la conveniencia de que los militares pudieran, tras un necesario levantamiento, tomar la decisión de asumir directamente y por sí mismos dicha responsabilidad o, incluso, pudieran designar a quienes debieran conducir la revolución nacional, debe decirse que la Filosofía nacional sostiene que, en general, la asunción de tal responsabilidad no debería recaer, bajo ninguna circunstancia, en quienes no se consagren en servir permanentemente a una norma superior con la finalidad de buscar con denuedo aquello que más contribuya a la unidad y grandeza de los españoles.

Tal responsabilidad, pues, no debería recaer jamás en quienes carezcan de un sentido justo, maduro, sugestivo y resuelto de la Historia y del destino de la Patria, que es lo único capaz de generar colectivamente ardorosos y duraderos entusiasmos revolucionarios y crear así el Estado nacional.

Porque de lo que aquí se trata no es sólo de restablecer la tranquilidad social, sin más objetivo que garantizar el orden público para, posteriormente, jugárselo todo a la bienintencionada improvisación.

Tampoco es suficiente el ingenuo, efímero e impreciso ímpetu patriótico, que sólo supondría una interrupción temporal del orden político vigente pero no el inicio de una revolución nacional que lo finiquitara.

Por ello, la Filosofía nacional descarta, en términos generales, la segunda de las opciones planteadas, esto es, no la importancia del ejército en un levantamiento justificado, sino su consiguiente protagonismo en la dirección y el devenir de la revolución nacional, pues ello requiere, por encima de la acción y de la operatividad, el descubrimiento, la aceptación y el despliegue transformador de la Filosofía nacional como la forma iluminar los actos propios de la dirección del Estado.

Por lo que se refiere a la segunda opción, que es la referida a la posibilidad de que fuesen los militares quienes detentasen el protagonismo de tener que descargar la responsabilidad del gobierno en otras personas ajenas al propio Ejército, la Filosofía nacional advierte de la más que probable sombra de ingenuidad que podría planear sobre tal entrega del poder por parte los militares, lo que acarrearía que se pusiera en cuestión y se malograra la acción inicial de éstos en favor de la Patria.

Si ello se aceptase, el poder podría fácilmente pasar a ser depositado en manos de ineptos, que lo arruinarían todo en un brevísimo período de tiempo, o bien en la de políticos nostálgicos del viejo orden liberal y partitocrático, que servirían de parche transitorio hasta que se restaurase lo mismo que ya había antes.

Por otra parte, también podría ocurrir que tal poder fuese a caer bajo las garras de tecnócratas llenos de perspectivas gerencialistas pero vacíos de conciencia plena del destino histórico de la Patria, e incluso en la de arribistas de derecha que, respondiendo al interés parcial de su grupo o clase, ansíen únicamente blanquear la obtención de beneficios para sí mismos.

Por lo devastador que supondría incurrir en alguna de las posibilidades inadecuadas y rechazadas, para la Filosofía nacional es preciso que al frente del rumbo y la marcha del Estado nacional se halle una voz nacional, de personas con declarado y probado afán de servicio y honda angustia por la situación real tanto del pueblo como de la Patria. Personas que conozcan bien las causas profundas del mal acaecido, tanto las históricas como las ideológicas y las estructurales del presente.

En efecto, deberían de ser personas con deseo y capacidad para realizar esfuerzos personales máximos por recuperar el ser patrio y la libertad que sólo la autenticidad espiritual procura, y que sientan intensamente el inmenso potencial que se halla bajo sus pies y sobre sus cabezas.

Personas, en definitiva, que supieran emprender una acción revolucionaria nacional, directa y persistente, encaminada tanto a remediar problemas urgentes y necesarios como a consolidar el andamiaje que permita dar máxima estabilidad a las medidas pertinentes, con el fin de que se pueda abordar con coherencia y precisión el advenimiento de nuevos retos en el futuro.

VI. HONOR SIN PRIVILEGIOS

24. Actitud precisa, permanencia del sentido

La reconstrucción nacional del orden social precisa de ideales que enciendan en todas las personas el afán constante por perfeccionarse moralmente, así como por ver corregidos todos los defectos y abusos previos de carácter personal, sociopolítico y económico.

La reedición de los errores pasados, ya vividos y dramáticamente sufridos, conduciría al descrédito y arruinaría todo el esfuerzo realizado. Por tanto, la diferencia con lo que venía haciéndose deberá ser clara y palpable, no sólo por lo que respecta a las intenciones declaradas, la conquista del Estado, la letra de las leyes y las obras materiales sino, sobre todo, por implicar a toda la sociedad en necesarios y nobles logros intangibles, esto es, en la consecución de resultados de alto valor espiritual y colectivo.

Ello conlleva y exige el que sea manifiesto que todo el que tenga puestos de responsabilidad y mando, incluidos los más altos cargos de servicio público, desempeñen su cometido, debiendo ser escrupulosos en el cumplimiento de su misión específica y generosos en abnegación y obediencia a los fines nacionales y morales a los que se sirve.

A su vez, lo anterior requiere que el ejercicio de dichas funciones jamás vaya ligado al uso y disfrute de privilegios desmesurados, ventajas deshonestas y comodidades inicuas. Porque la virtud es el fundamento del honor, y está para ejercitarla y no para aparentarla haciendo ostentación de ella ni tampoco para rebajarla en una relajada vida privada.

Dado que estar mejor, en términos materiales, no hace mejor a nadie, y que todas las tareas son iguales en dignidad, desde la más gozosa, que es la de obedecer sostenida con la voz de mando eterna de las exigencias patrias, hasta la más áspera, que es la de mandar obedeciendo a los fundamentos y al destino de la Patria, quienes dediquen sus esfuerzos a ésta última, a mandar, deberán demostrar permanentemente que están a la altura moral del alto servicio que su función les exige, es decir, que hacen más no por recibir más.

El grado de ejemplaridad de tales personas deberá ser elevado, con exclusión de todo viso de jactancia, pues sólo de esa forma, por ser su cargo un honor que permite testimoniar la virtud del servicio, podrá suscitar admiración y fomentar, desde las más altas instancias del Estado nacional, el citado afán perfectivo en todas las personas.

En definitiva, con la finalidad de evitar que accedan al mando personas lastradas por la ambición de poder, o que busquen esconderse detrás de un cargo, al mando ha de exigírsele mucho a cambio de recibir poco más que la satisfacción del deber cumplido.

La noción de la Patria que es razón de ser de la propia Filosofía nacional, exige, por supuesto, dar respuesta a todas las necesidades, sean cuales fueren, desde las más perentorias, sean circunstanciales o de orden superior, hasta aquellas que deban ser concebidas con un margen amplio de tiempo y para el futuro complejo y siempre incierto.

Y es precisamente la importancia de esta atención permanente a las condiciones que impone el presente y a las que previsiblemente fuerce el futuro lo que exige no perderse en el acomodo a vicisitudes situacionales, siempre transitorias por naturaleza.

La Filosofía nacional contiene un discurso analítico sobre las formas políticas, económicas y culturales dominantes, tanto como una doctrina ética sobre el modo de afrontar la estrategia y la práctica revolucionaria, así como la vida social.

Debido a ello, la transformación ética que conlleva la revolución nacional exige tomar unas decisiones personales y colectivas previas que sirvan de anticipo y propedéutica a las nuevas relaciones interpersonales que se pretenden inaugurar

La actitud primordial exigida por la Filosofía nacional es la de afianzarse ante la vida y ante la historia sobre un sentido permanente, de tal manera que se adopte de forma persistente no sólo una manera de pensar, sino una forma de hacerlo acorde siempre a una completa y profunda manera de ser, a un afán por la superación moral de uno mismo y de todos, sin incurrir en estériles estancamientos propiciados por situaciones marcadas por la inmediatez.

El alcance de tal modo de ser ha de abarcar desde lo eterno y esencial hasta lo meramente temporal y coyuntural, y ha de basarse en una actitud de inteligente, apasionado y constante servicio abnegado, que evite agostarse y extinguirse como consecuencia de la pérdida del fundamento, esto es, de los propios y comunes valores espirituales, así como de los excelsos logros de la nación.

Por su propia naturaleza, la actitud de quien se sabe intensa y hondamente ligado al destino histórico de una Patria no puede ser ni una actitud que se limite a transitar por la originalidad de la pura innovación, válida únicamente por su cualidad de novedosa, ni una actitud atenta exclusivamente a lo presente o actualista. Tampoco puede ser una actitud anacrónica, situada fuera de la propia época en la que tiene que desenvolverse.

Tal actitud ha de ser una disposición de ánimo que, ligada al genio de España acrisolado históricamente, sepa responder adecuadamente a los requerimientos y necesidades que ya existan o vayan surgiendo en cada momento.

No hay que olvidar, especialmente, que la atención exclusiva a lo presente termina siempre induciendo a quienes, subordinados a él y cegados por el brillo de su inmediatez, se ofuscan y terminan desestimando el alma entera y eterna de la Patria, esto es, la tradición que podría alumbrarles.

El ser un simple y puro resultado o producto de una época determinada conlleva no sólo insuficiencia de altura moral sino, además, honda precariedad intelectual.

En cada época y, por ello, también en el tiempo presente, sus peculiares formas de vida y los exclusivos hechos históricos acaecidos en tal período de tiempo coexisten con la gran Tradición, con el eterno genio de la Patria, es decir, con el vigor de su alma atemporal.

25. La delgada línea del tiempo histórico

Todos los ideales están aquí formando parte de una concepción que está vinculada a la creencia en el papel rector de la Providencia Divina. Bajo tal manera de concebir la realidad, nada de ella es ajena a Dios.

La propia constitución del ser humano como unidad sustancial de cuerpo y alma espiritual, la libertad y la salvación eterna, la justicia y la verdad, el bien y la naturaleza humana, la historia y la política, la economía y la sociedad, así como la Patria y su destino, no se conciben como asuntos desligados o realidades separadas absolutamente de la trascedente acción de Dios.

La perspectiva sobrenatural del catolicismo que hace propia la Filosofía nacional la lleva a rechazar una moral nacional separada, propia y exclusiva, y a creer con profundidad y firmeza que todo el universo está en función de las disposiciones divinas, incluidos los actos, las tareas y los tiempos o plazos, por lo que a la persona le corresponde esforzase por coincidir lo más que pueda con dicha ordenación, dadas las limitaciones de su propia contingencia,

De ello deriva que la dimensión religiosa de la persona no pueda ni deba quedar reducida a ocupar sólo una parte estanca, íntima y privada, de la persona pues, por su naturaleza, ha de alumbrar y guiar tanto a la inteligencia como a la voluntad y a los sentimientos, lo cual abarca el pensamiento, así como la totalidad de los actos libres, ya sean interiores o exteriorizados.

La Filosofía nacional insiste en la necesidad de realizar su efecto transformativo no únicamente como cuerpo teórico intemporal, que sólo pueda ser concebido, pensado o interpretado, sino como sólida, completa y armoniosa concepción que, con fundamento en verdades eternas, proporciona las claves para adecuar, en la medida de lo posible, todo lo humano que acontece en el tiempo de la historia a aquéllas.

El ideal de unidad que en la Filosofía nacional va ligado por necesidad a la redención de España, concebida ésta como unidad de convivencia, de herencia o historia, y de destino en lo universal. Y ante las divisiones que afectan profunda y negativamente a la Patria, se contempla y exige no sólo la superación de los obstáculos sino, además, la consecución de una unidad íntegra de carácter territorial, social, político y espiritual.

El logro de la unidad territorial plena deberá ser alcanzado mediante el trabajo esforzado en favor de un cohesionador e ilusionante destino pujante de la nación que ponga en evidencia la inconsistencia de los separatismos locales.

Por su parte, la unidad social habrá de ser lograda a través de la consecución de una profunda justicia social que ponga de manifiesto las falsedades e inconvenientes del enfrentamiento hostil entre clases, así como el de la pervivencia de éstas.

En cuanto a la unidad política, ésta habrá de venir dada a través de una nítida visión totalizadora y de una firme y eficiente actuación integral que pongan claramente en entredicho la bases teóricas que fundamentan el sistema de alternancia y de luchas de los partidos políticos.

Por lo que respecta a la unidad moral o unidad en la creencia, todo esfuerzo por poner adecuadamente de manifiesto la verdad y el bien implícitos en la realidad de la salvación eterna, fin último de la persona humana, deberán hacer del catolicismo el nervio de todo presente, vigor de todo futuro y trasfondo eterno de todo acto y de todo tiempo.

Porque somos seres eternos, con raíz en la eternidad, pero ubicados transitoriamente en el tiempo y, por ello, con duración temporal limitada, la unidad en la persona misma, que sólo se actualiza en estado de gracia, tiene un lugar privilegiado para revelarse en plenitud y guiarse con recta conciencia cuando libremente orienta su existencia al constante y abnegado servicio a la Patria y a la justicia en lo temporal, y a Dios en todo y siempre.

No hay en la Filosofía nacional una preocupación por proponer para España ideas cuya presunta validez radique únicamente en su calidad de novedosas e innovadoras. Sí la hay por la justicia inmutable de las reglas políticas que se destilan, fundamentalmente, de la doctrina católica.

No hay en ella inquietud por la creación de una ideología superpuesta a la realidad, sino el sosiego que exige acercarse a la realidad misma y reconocerla como tal.

Para tal filosofía, la constitución de la personalidad moral es más relevante que los abstrusos e inútiles constructos, las teorías con fecha de caducidad y todo tipo de locuacidad y verbalismo. De ahí que oponga la limpia nobleza de las personas movidas única y exclusivamente por la rectitud moral y el servicio a la Patria a las infames figuras del ideólogo de salón, del pancista y del burócrata.

En la Filosofía nacional no se hallan ofertas ni promesas, sino donación y entrega personal. En ella no tienen cabida las idolatrías, sino sólo las verdades reveladas. Y no cobija promesas aletargantes y programas taumatúrgicos, sino obras fructíferas.

Todo ello viene dado porque, en tal concepción, han de ser las virtudes, los ideales nobles y los rectos principios, mantenidos con constancia y abnegación, los que ganen la confianza y adhesión del pueblo.

Según tal filosofía, se deben dedicar los mejores esfuerzos a una triple tarea de conciliación, de generación y de devolución. De conciliación del fundamento espiritual de la nación con quienes viven de su trabajo, dando cumplimiento a los intensos anhelos de justicia de la población. De generación, en las víctimas de la política de partidos, del sentido más auténtico y depurado de la fe, la moral, la tradición y el patriotismo. Y, en tercer lugar, de devolución al pueblo de España de una Patria rescatada, unida, fuerte y liberadora.

26. Revolución y Religión

La revolución nacional no se concibe como empeño por recuperar valores ya declinados históricamente, ni tampoco se caracteriza por pretender conservar valores vigentes que, por su propia naturaleza y operatividad, no dependen del esfuerzo revolucionario para su supervivencia.

El empeño por vitalizar el genio o espíritu de España, así como lograr la dignidad social de todos los españoles, son propósitos y obligaciones que se despliegan únicamente en el tiempo de la historia, en tanto que son tareas humanas.

Ahora bien, del hecho de que la revolución nacional deba desplegarse y ejecutarse en el tiempo mediante decisiones y estrategias precisas no puede deducirse que deba prescindir del catolicismo.

La Filosofía nacional está muy alejada de la perspectiva que supone concebir la Religión como instrumento adormecedor de la conciencia social del pueblo, propia del marxismo y de las izquierdas en general, aunque extraída históricamente del ambiente sociopolítico anglicano.

También se halla en las antípodas del enfoque liberal y derechista, que consiste en tomar a la religión como simple asunto del alma que, por ello mismo, sólo incumbe estrictamente al individuo en su ámbito privado e íntimo y que, debido a ello, puede convivir perfectamente con la servidumbre y la división de España.

Frente a tales puntos de vista, se alza la realidad del catolicismo como religión de la nación española, como faro unitivo de la propia constitución histórica de España y como alma de la Hispanidad.

Inspiradora firme de los afanes temporales del pueblo en su anhelos de justicia, la fe católica ha sido apoyo y aliento espiritual de españoles en las contiendas bélicas, motivo de brutales persecuciones y atrocidades sufridas por profesarla, y permanentemente es voz de verdades eternas y puerta del cielo,

Nada de ello podría ser, o haber sido, al margen del tiempo, pero en todo ello late intensamente la eternidad. No hay aquí un amor a una patria religiosa, ni amor religioso a una nación, de la misma manera que la persona no es un espíritu que ama su corporeidad, ni tampoco un cuerpo que ama exclusivamente a su propia alma.

No se trata de una suma, de una simple adición de realidades independientes, sino de una unidad de carácter sustancial. Por ello, el patriotismo popular y directo de la revolución nacional, de carácter íntegramente nacional y humano, no puede ser concebido ni en oposición a sí mismo ni como entidad incompleta.

De donde se sigue que el catolicismo es la religión consustancial a la revolución nacional, perteneciendo a la naturaleza de ésta y siendo inseparable de ella porque lo es, ya, de la Patria.

27. Ingeniería vacua

Los programas de los partidos políticos son, para la Filosofía nacional, la expresión más clara de una carencia fundamental de verdades religiosas y filosóficas.

Dichos programas de partido se justifican tanto por la pervivencia del régimen basado en las pugnas partidistas como por la ausencia absoluta de una clara, estable y vertebradora ley de amor, ley que sólo la proporciona el vivir conforme a un sentido total y permanente de la vida, de la patria, de la historia y de la política

La aspiración ferviente hacia la instauración de la unidad espiritual de España sobre nuevas bases de convivencia y plena justicia social es lo único que debe orientar acerca de lo que debe hacerse en cada coyuntura, y no un mero programa concebido sólo para obtener votos.

Los programas de los partidos son un conglomerado tan arbitrario como improvisado y simple de objetivos para el logro de resultados a corto plazo. Están diseñados para seducir al mayor número de incautos con igual intensidad que para ser incumplidos, dándose siempre dentro de un contexto de luchas partidistas por ganar electores y ocupar espacios públicos para el ejercicio del poder.

Superficialidad, precipitación y atractivo sugerente son, además del probable incumplimiento, las características que exhiben dichos programas, envoltorios que esconden la falta de autenticidad y gravedad exigidos por los asuntos más serios y densos de la vida nacional.

Las cuestiones más importantes de la vida no necesitan del sometimiento a un programa, a una especie de recetario diseñado únicamente para fingir que se posee clarividencia y mágica capacidad de control sobre lo imponderable. Las dimensiones extraordinarias de tales asuntos supera y desbordan lo que se pueda prometer o estipular anticipadamente, y conforme a una ideología determinada, en una mera fórmula.

De hecho, ni siquiera es posible conducir la totalidad de la propia vida personal ajustándose a un programa preestablecido. Tampoco lo es diseñar el amor y encorsetarlo en un programa minuciosamente estructurado. Y mucho menos se tiene necesidad de un programa para afrontar la propia muerte. Por ello, los defectos inherentes a todo programa de partido político los inhabilita para abordar con seriedad y rigor los asuntos más reales y verdaderos de la existencia,

En el problema de la recuperación de la Patria a través de la incardinación de su devenir en su propio genio, esto es, de la liberación de su ser con el fin de alcanzar su autenticidad más plena, lo más relevante es siempre la calidad y el acierto por lo que se refiere tanto a la finalidad perseguida como a las personas que se ponen al servicio de ello sin esperar más satisfacción que el cumplimiento de su deber.

Debido a ello, la Filosofía nacional sostiene que la confianza ha de depositarse tanto en la calidad de las personas como en las conductas que se deriven de éstas, y no en programas, formas expresivas escritas profundamente apreciadas por el mito constitucional propio de la concepción liberal.

Los regímenes partitocráticos han mostrado sobradamente que los programas, las fórmulas, las constituciones o las recetas, que prometen quimeras y afirman consagrar y dar respaldo a derechos individuales, siempre están muy lejos de garantizarlos, de asegurarlos y protegerlos de hecho. La garantía que evita la citada falta de seguridad y la arbitrariedad únicamente puede proceder de la ley moral y de quienes tengan encomendado el deber de respetarla y aplicarla.

De ahí el rechazo de la Filosofía nacional a la adopción de constituciones que, ya sean copiadas de las de otros países y adaptadas, o teorizadas por ideólogos desde arriba, esto es, como ajeno marco jurídico o fundamento normativo sobrepuesto y forzado, obvian la gran tradición patria y el espíritu popular, con la completa exclusión de una nación cuya necesidad profunda es la de llegar a ser, por sí misma, el punto de partida de su propia recuperación y de su destino.

La Filosofía nacional considera que lo que hace grande y feliz a un pueblo es el factor humano, es decir, la hermandad entre las personas que han despertado el espíritu nacional y cumplen con fidelidad, abnegación y talento su deber de servicio en el mando, y aquellas otras que, con las misma virtudes fundamentales que las anteriores, se ponen voluntaria y disciplinadamente a las órdenes de las primeras para lograr, juntas y de manera armoniosa, que pueda cultivarse el ideal nacional e iluminar paulatinamente las formas que más convengan.

Por ello, se consideran aquí cuestiones artificiosas e irrelevantes si el movimiento nacional ha de derivar en la implantación de una monarquía o de una república, y si para llevar a cabo recuperación de la Patria se ha de ir de la mano de un programa o, incluso, de una constitución.

Desde los planteamientos de la Filosofía nacional se considera que tales cuestiones, insustanciales en la nueva ruta, sólo son del interés del tipo de políticas que se nutren de pugnas, banderías y división, tanto como de la distracción aletargadora que consiste en dar la impresión de que se cuenta con un programa concreto o una constitución marco cuya característica es la de otorgar claridad y seguridad a la nación, siendo en realidad estructuras declarativas intencionadamente confusas, movedizas, adaptables según las conveniencias y, por ello, inquietantes.

Tales asuntos pertenecen al mundo de los usos políticos propios del régimen demoliberal parlamentarista, siempre prejuiciosos y tóxicos. El primero de ellos entra siempre en escena como tópico ajado, mientras que el segundo lo hace como forma muerta.

Más concretamente, el del dilema falaz entre república o monarquía se ubica en el corazón del no ser de España como un signo más de sublevación del Estado contra la Patria, al ser utilizado sólo como dualismo dialéctico, dada su indistinción real y fáctica, para enfrentar a los españoles, consolidando con ello, simultáneamente, a los viejos políticos en sus pequeños nidos de poder.

Y por lo que se refiere al segundo asunto, hay que decir que la Filosofía nacional lo contempla como el del diseño de una receta que, desde la política, se sobrepone a una realidad nacional desconociendo lo sustancial de ésta y, además, contra ella, sin respetarla nunca y postergándola siempre, por lo que no suele ser más que la pantalla imprecisa e interpretable que acoge y da cobertura, de manera clara y estable, a cualquier maquinación, adulteración y transgresión que se desee desde el poder del Estado antinacional.

28. Nuestro sitio

La revolución nacional ha de ser el fruto de una actitud de constante esfuerzo por orientar inteligencia, carácter y sensibilidad hacia una optimización personal que predisponga a servir en favor del logro de una Patria entera, unida, grande, fuerte y libre, y en la que poder convivir asegurando en cada uno la unidad personal en todas sus dimensiones, la inherente dignidad trascendente y la propia libertad individual.

La Filosofía nacional no se conforma con menos. Tal es la disposición que lleva a superar todo sentimiento de egoísmo individual y de clase, todo deseo de circunscribirse a la salvaguarda de los intereses propios o al simple y limitado cumplimiento fiel de los deberes cívicos.

No será posible, pues, el logro de tal fin al margen de las dos instancias con más fuerza moral y socialmente más unitivas que existen, como son el amor a Dios, esto es, la fe católica, y el amor a la Patria, es decir, España manifestada como tarea entusiasta, robusta y abnegada de rescatar su alma como condición de posibilidad tanto de la consolidación de su unidad, de su verbo unitario, como del logro de un futuro ganado con autenticidad fértil, alegre y prometedora.

Ante este cometido, la Filosofía nacional se muestra como vía privilegiada en la que pueden y deben inspirarse y conducirse todas las personas que sientan la grandeza espiritual de España y aspiren a su recuperación y fortalecimiento, incluyendo a quienes, con fe tibia o carencia de fe, respeten y aprecien la razón fundante que sólo se halla en la fe católica, cuyo esplendor en Occidente fue alumbrado por España y cuya verdad ampara la consecución del fin último de cada persona, a la vez que fundamenta y potencia el espíritu nacional, dando a la Patria alas de trascendencia.